面向农民工的
社区传播探析

MIANXIANG
NONGMINGONG DE
SHEQU CHUANBO
TANXI

陈娟 ◎ 著

中国传媒大学出版社
·北京·

本书获得以下项目资助,特此致谢

教育部人文社会科学研究青年基金项目(名称:"大众传媒在中国现代化转型期的社会整合功能研究";项目批准号:11YJC860003)

本书还获得了以下项目资助,特此致谢

广东省哲学社会科学"十二五"规划2015年度学科共建项目(名称:参与社会治理:"传统媒体的社区化转型";项目批准号:GD15XXW02)

前　言

记得第一回去上海,见到这繁华"世界级"城市最醒目的,是上万名没有身份的劳动者,走过每一个建筑工地,就会看到皮肤晒得黝黑,汗水直流的农民工,他们建造着这城市的光彩。上海越建越高,而这群劳动者却过着一点都不光彩的生活。他们就是现代中国最大的劳力军,是一群没有权利,没有声音的二等公民——确确实实是中国的"隐形人口"。

——摘自白晓红:《散沙:中国农民工的故事》

近八成受访者坦言农民工与城市居民区隔仍严重

自从农民工问题成为中国社会的大问题以来,让农民工融入城市生活、拉近农民工与城市居民之间的心理距离和社会距离,就成为政府和全社会共同努力的目标。

时至今日,这个目标实现了吗?近期发布的《2011年进城务工者生活现状与消费文化研究》显示,农民工与城市居民的社交意愿从2004年的72.4%下降到63.6%,23.9%的农民工没有城里人朋友。中国人民大学和工众网近日联合发布的调研成果也显示,30%的农民工认为自己在城市中仍被排斥。

上周,《中国青年报》社会调查中心通过题客网和民意中国网,对7 688人进行的一项在线调查显示,66.4%的受访城市居民表示自己愿意结交农民工朋友,只有46.3%的城市居民确认自己身边有农民工朋友。受访者中,城市居民占72.0%;"80后"占51.3%,"70后"

占 26.2%。

为何农民工与城市居民间存在区隔

在陕西铜川市市民高先生看来,和农民工打交道、交朋友并没有想象中那么难。2008年,高先生在装修房子时请了几位农民工朋友做地板安装工和木工。对这些朋友,高先生不但提供好烟好茶,还经常和他们聊天,时不时请他们出去小撮一顿。让高先生没想到的是,在干完所有活儿后聚餐时,一位年龄稍长的农民工竟流泪说,自己干装修十几年都没遇到这样的雇主,以后有什么活儿只要吱一声,他都愿意来免费干。

"农民工是我们城里人应该去感恩的人。我只是做了很平常的事,却让他们如此感动。这对我的触动很大。"高先生告诉记者,现在他身边有很多农民工朋友,在他们单位内部,正式职工和农民工的日常待遇也相差无几,"这些年,国家关心和支持农民工的各项政策很给力,比如,拖欠农民工工资问题就解决得不错。但是,目前仍有一些问题需要解决,比如,农民工的住房和医疗问题、子女上学问题等"。

北京市海淀区居民王利(化名)坦言,自己日常生活中能接触到不少农民工,可是真正能成为朋友的没几个。他觉得,并不是自己看不起农民工,不想和他们交朋友,而是由于成长背景、教育程度等原因,农民工和自己实在没有共同话题。有时候,连他自己也能清晰感觉到,打交道时一些农民工朋友本身也有些自我隔离。

此次调查显示,79.5%的受访者坦言当下城市中农民工与城市居民间的区隔依然严重。其中,20.6%的人认为"非常严重",58.9%的人觉得"比较严重"。另有16.2%的人选择"不太严重"或"不严重"。

农民工与城市居民间的区隔具体表现在哪些方面?调查中,71.7%的受访者选择"文化程度",65.7%的人认为是"消费水平",

65.6%的人选择"居住条件",57.2%的人选择"文化生活",46.3%的人觉得是"身份地位"。

"不仅农民工与城市居民之间存在区隔,农民工自身在一定程度上也出现自我隔离的情况。"山东大学政治学与公共管理学院副院长王佃利教授指出,城市农民工的自我隔离,在学术上被称为"农民工群体的内卷化",其不仅体现在社会交往层面,还深化到农民工的自我认知当中,表现为一些农民工经常不自觉地将自己认同为"流民"。

为何农民工与城市居民间存在区隔?民调中,排在首位的是"大多数农民工从事的工作受到歧视"(60.7%)。其他还有"农民工受教育程度较低"(58.9%)、"文化习惯不同"(57.1%)、"双方享有的权利不平等"(56.8%)、"城市居民的包容度不够"(43.1%)、"政府对农民工的扶持和照顾不够"(40.0%)。

如何打破农民工与城市居民间的"隔离墙"

苏州大学社会学与社会工作系主任高峰教授,长期关注和研究农民工融入城市的问题。2007年和2011年,他在苏州、无锡、常州三个城市的调查发现,对于城市居民,农民工的交往意愿并未下降,而是从68.0%上升到了72.0%。

高峰表示,随着在城市生活打拼的农民工数量越来越多,农民工与城市居民的交往频次自然会越来越高,农民工与城市居民的交往意愿上升是正常现象,下降了才说明出了问题。由于调查范围和调查方法的不同,可能会得到不同的调查结果,但这并不能否定解决农民工融入城市这一问题的急迫性。

那么,如何才能彻底打破农民工与城市居民间的"隔离墙",使农民工真正融入城市呢?本次民调获选率最高的两项措施分别是"城市居民减少歧视,尊重农民工"(60.4%)与"加强农民工的社会保障"

(60.4%)。其他还有"赋予农民工与城市居民同等的权利"(57.6%)、"保证农民工住房、子女入学等基本需求"(54.1%)、"加强对农民工的就业指导和培训"(47.5%)。

北京社会科学院社会学所副所长戴建中研究员认为，要想解决好农民工融入城市问题，眼下有两方面具体工作需要进行：一方面，应保障农民工居住、就业等基本生活条件，比如，一些城市在拆除农民工居住集中区——城中村时应谨慎；另一方面，应多让农民工参与到所在地的管理和基层选举中，赋予农民工更多权利。

王佃利指出，无论是在落户、就业，还是医保、子女入学方面，当下大多数城市对农民工的排斥都比较严重，想要真正使农民工融入城市，必须在这些领域内给农民工和城市居民同时提供无差别的公共服务。而且，对于国家的各项农民工政策，一方面应注重实际执行效果；另一方面，要避免出现政策的不均衡状态，制定政策时不能只考虑急农民工之所急来"打补丁"，而是应对解决农民工问题做全盘考虑。

"从实践来看，当下对农民工的歧视不仅只停留在制度、法律层面，还体现在观念、心理和文化上。对农民工歧视的法律和制度固然可以废除，然而消除观念和文化上的社会歧视和排斥更为困难。这就需要全社会，特别是媒体进一步加大对公民平权理念的宣传，消除歧视农民工的文字、语言和符号，从而实现农民工与城市居民的社会平等和心理融合。"高峰说。（作者：向楠、邢赫男，原载《中国青年报》2012年5月17日）

在现代化尤其是城市化进程中，在繁荣的经济和中产阶层生活方式及消费趣味的背景之下，城市外来务工人员往往是大量付出，但恰恰又是这样一个群体却被城市排斥和相对剥夺。他们带来的不仅仅是城市版图的扩大，还有城市贫民区的涌现、边缘群体的增多，以及社会距离所导致的冲突加剧。改革过程中的达尔文主义以及马拉松效应使得他们中的大多数远远落后于社会发展的要求,从而被愈益强烈地排斥在当前的城市社会结构之外,且同时已疏离乡村。城市的中产及中产以上的居民在享受着外来务工人员所提供的廉价劳动力和服务的同时,却抱怨着这个群体给城市所带来的不安定因素——显然,这样一个"断裂社会"如果要维持一个基本整合的状态以实现可持续发展,不仅需要致力于社会群体之间经济和政治地位"鸿沟"的弥合,还要强化对社会意识和文化认同的疏导和管理,通过信息沟通机制的完善为不同的社会利益表达和文化维系提供畅通的渠道,从而在信息和文化层面上为社会主体利益的公平博弈提供可能性。

2012年年初,民政部出台《关于促进农民工融入城市社区的意见》(以下简称《意见》),这是中央有关部门就农民工融入社区问题下发的第一个专门性政策文件,首次从国家层面描绘了农民工参与社区生活的"路线图",为维护农民工合法权益提供了制度依据和保障。

《意见》强调,促进农民工与城市居民和睦相处,尽早尽快融入城市生活,既是加强和创新社会管理、深化和谐社区建设的重要任务,也是维护社会公平正义、构建社会主义和谐社会的迫切需要。必须充分认识农民工融入社区工作的重要意义,切实抓紧抓好抓出实效。

《意见》充分借鉴社区融合领域的国际经验,深入总结各地社区农民工服务管理工作的实践创新,提出了当前促进农民工融入社区工作的五项重点任务:一是构建以社区为载体的农民工服务管理平台。以农民工需求为导向,整合延伸到社区的人口、就业、社保、民政、教育、卫生、文化以及综合治理、维稳、信访、法律服务等社会管理职能和服务资源,调整工作力量,完善以社区服务站为主体的社区综合服务管理平台,将农民工服务管理纳入其中。二是落实政策扎实做好农民工社区就业服务工作。鼓励社区兴办商业性便民利民服务网点,吸引农民工在社区就近就便灵活就业。鼓励支持驻社区企事业单位吸纳农民工就业，扩大农民工就业渠道。积极协调有关部门帮助农民工化解劳动矛盾、劳动纠纷，切实维护好农民工的合法权益。三是切实保障农民工参与社区自治的权利。进一步完善社区民主选举制度，探索农民工参与社区选举的新途径，在本社区有合法固定住所、居住满一年以上、符合《城市居民委员会组织法》选民资格条件的农民工，由本人提出申请，经社区选举委员会同意，可以参加本社区居民委员会的选举。四是健全覆盖农民工的社区服务和管理体系。按照社区基本公共服务均等化的要求，将涉及农民工切身利益的劳动就业、公共卫生、住房保障、社会保障、计划生育、社区矫正、安置帮教、法律援助、优抚救济、社区教育、社会救助、文化体育、社会治安等社区服务项目逐步向农民工覆盖。五是大力发展丰富多彩的社区文化生活。社区文体活动设施要向农民工开放，吸引农民工参与各种社区文体组织和文体活动，丰富农民工的文化生活。通过举办邻里节、社区运动会、社区"跳蚤市场"、邻里聚餐会等睦邻活动，加深本地居民与农民工的接触、交流和沟通，促进新老居民之间的情感交流和生活交融。

《意见》要求各级民政部门高度重视农民工融入城市社区工作，发挥好社区建设工作的牵头协调作用，积极争取当地党委、政府的重视和支持，把此项工作纳入社区建设协调议事机构的重要日程，纳入社区建设发展规划和年度工作计划，纳入和谐社区建设评估指标体系，为促进农民工融入社区创造良好的环境和条件。《意见》同时要求社区组织和社区工作者要深入了解农民工的生活状况和服务需求，及时向有关部门反映农民工的合理诉求，帮助农民工解决工作生活中的困难和问题。

在促进农民工融入城市社区的主要任务这一点上，《意见》也给出了五个方向：(1)构建以社区为载体的农民工服务管理平台。(2)落实政策扎实做好农民工社区就业服务工作。(3)切实保障农民工参与社区自治的权利。(4)健全覆盖农民工的社区服务和管理体系。(5)大力发展丰富多彩的社区文化生活。这不能不说是一个重大进步,但我们也不难看出,这份沉甸甸的《意见》中,农民工在城市近三十年所受的排挤、歧视、抵触可见一斑。应该说,从国家层面全面规划和启动这样一个农民工城市融入工程,首先是基于问题的紧迫性。农民工及其后代的市民化,应该是任何国家在现代化发展中的自然过程。随着改革开放的逐渐深入和中国社会现代化转型的开启,被城乡二元体制排除在城市之外的农民工及其家属,在某种意义上,也是社会稳定和谐发展的最大隐患。这一问题的解决不可能一蹴而就,我们必须在国家、社会等层面开始疏导和缓和这个被不断强化的问题。事实上,这已经是关系到社会稳定和国家安全的紧迫任务。对此,我们将从信息传播层面,对促进农民工城市融入的媒介进行考察,以期从信息传播层面对快速转型背景下社会和谐秩序的建构提供参考,也为观察媒体与当下中国社会转型之间的关系提供一个独特的视点。

整体而言,本书的方法论视角力求突破传统的整体论和个体论二元对立的窠臼,而借助于布迪厄的关系主义或者所谓"结构主义的建构主义"(structuralist constructivism)。布迪厄着眼于从所谓"惯习"(habitus)所蕴含的感知和思想行动架构,以及"场域"(fields)所蕴含的复杂关系强调社会文化建构的双重来源。他力图克服社会学理论中客观主义和主观主义立场之间的严重对立,使它们辩证地统一起来:一方面,客观结构是主体阐释、建构和象征互动的基础,主体的建构不是无边界和随意的;另一方面,对结构的产生、维系及其背后的斗争关系的考察,必须把主体建构的因素考虑在内。从这一视角出发,对媒体解读的研究必须突破以往的模式,把主体阐释的能动性和结构要素的制约力纳入同一个分析过程,从中考察两者间复杂的动态的互动关系。

目 录

前言 //001

第一章　媒介与社会关系整合 //001

001// 第一节　新生代农民工的新诉求
007// 第二节　新需求：社会要解决农民工的什么问题？
013// 第三节　作为城市融入的渠道：媒介

第二章　媒介使用中的农民工：孤独感 //021

021// 第一节　农民工及其媒介使用
026// 第二节　媒介与新生代外来工社会关系研究个案
038// 第三节　面向外来工的媒介：提供可行的信息传播结构

第三章 农民工城市融入：从话语权到组织化 // 045

045 // 第一节 农民工话语权的提出及实践
053 // 第二节 农民工的组织化走向：内卷化
059 // 第三节 去城市化：农民工内卷化呈现

第四章 被排斥在城市之外：谁来承担恶果？ // 069

069 // 第一节 为什么要正视打工者？
078 // 第二节 打工者：城市化后，我们在哪？
085 // 第三节 农民工去制度化表达的背后

第五章 中国媒体现状 // 095

095 // 第一节 理想与现实之间的中国媒体
108 // 第二节 新闻改革与媒体人的本能
116 // 第三节 后"后发劣势"时代的突破

第六章 走向社区：传统媒体的转型之一 // 124

124 // 第一节 社区与社区传播：概念、历史、发展
132 // 第二节 面向农民工的社区传播
138 // 第三节 社区媒体发展的可持续性

第七章　面向农民工的社区媒介实践　//148

148//第一节　反思：媒体、城市发展与农民工声音

155//第二节　农民工社区媒体：观念·视角·姿态

164//第三节　农民工社区媒体：内容·话语

第一章 / 媒介与社会关系整合

> 在一定的社会文化背景下,探讨当地人是如何使用新媒体的,以及这种使用对人们、对事件、对社会的影响。一定要看新媒体在何种条件下如何嵌入一定群体的生活之中,这个群体的内部需求及其对新媒体的使用为他们带来了何种影响。否则,当传统媒体与新媒体同时纳入研究者的视野时,就容易采用二元对立的思维方式,过度强调新旧媒体二者的差异,较少看到二者之间的联系,特别是在一定社会条件下的人的使用与新旧媒体之间的复杂联系。
>
> ——摘自邱林川、陈韬文主编:《新媒体事件研究》,第2—3页

》第一节 新生代农民工的新诉求

在《传播的社会结构与功能》(1948)一文中,美国政治学家、传播学先驱哈罗德·拉斯韦尔归纳了传播的三种社会功能:守望环境、协调社会各部分以回应环境、使社会遗产代代相传。[①] 这三种功能更多地关注了社

---

① 〔美〕哈罗德·拉斯韦尔:《社会传播的结构与功能》,中国传媒大学出版社2013年版,第37页。

会认同功能中的社会控制,而罗伯特·E·帕克则对传播的功能做了更具人文关怀的划分:社会认同与社会区隔。① 与拉斯韦尔的视角不同,帕克的视角呈现出传播学强大的人文内涵,即传播可以作为一种人文关照,参与到社会认同中来,而不是在"守望环境、协调社会各部分以回应环境、使社会遗产代代相传"这种划分中,将传播学定格为作为社会控制②的手段。

长期以来,我国对媒介功能的研究一直停留于两种范式:即吴廷俊所区别的"体制与媒介经营范式"和"政治与媒介功能范式"③,前者以"媒介经营"为关注对象,后者以"媒介事业""产业化"为研究重心,后者致力于媒介的"政治控制"研究,这两种范式的研究缺陷非常显著:过度追随资本与权力,导致学术研究的人文关怀缺失。加之学术研究的"路径依赖"及"文化惯习",我们忽视了媒介对于社会认同、社会关系整合的影响研究,对媒介与社会认同之间的关系研究也有所遮掩。在当下的新闻传播学界,这一西方传播学界传统的媒介功能研究视角缺失,这种缺失导致国家与社会对该问题的认知缺乏深刻的认识,对这一群体的关注与投入也相应不足。反映在城市外来者身上,则表现为他们无法获得由媒体所提供的社会融入指引。两者结合,则形成了今天非常显著的外来者"陌生人"④问题:由于缺乏对城市的认同、融入,从社会控制的角度来看,自然

---

① 参见〔美〕罗伯特·E·帕克著,陈静静、展江译:《移民报刊及其控制》,中国人民大学出版社2010年版。
② 这里的社会控制是一个中性表达,传承社会遗产显然也是社会控制的一部分。
③ 吴廷俊、阳海洪:《新闻史研究者要加强史学修养——论中国新闻史研究如何走出"学术内卷化"状态》,《新闻大学》,2007年第3期。
④ 1908年,齐美尔写了一篇名为《陌生人》的文章,提出了"陌生人"概念,"陌生人是群体本身的一个要素……他的内在的和作为环节的地位同时包含着一种外在和对立……进行叛逆的和引起疏离作用的因素在这里构成互相结合在一起和发挥作用的统一体的一种形式"。在齐美尔的概念中,我们看到,"陌生人"是在物理空间上接近,社会空间上疏远的那个群体。参见〔德〕齐美尔著,林荣远编译:《社会是如何可能的》,广西师范大学出版社2002年版,第343页。

无法完成社会秩序的深化,导致诸多社会不稳定因素出现。

按照韩俊、何宇鹏、金三林的梳理,改革开放以来,中国的农民工流动大致经历了三个阶段:"一是20世纪80年代,以就地转移为主,乡镇企业是农民工就业的主要渠道。这一阶段,外出就业农民工数量从80年代初期的200万人左右发展到1989年的3 000万人。二是20世纪90年代,以跨地区异地流动为主,城市二、三产业成为农民工就业的主要渠道。这一阶段,乡镇企业发展趋缓,各种限制劳动力转移的制度逐渐放开,外出就业农民工数量从90年代初期的6 000万人左右发展到世纪末的1亿人左右。农民工流动范围扩大,跨省流动比重大幅上升。1993年全国跨省流动的农民工约为2 200万人,跨省流动的比重达到35.5%。三是21世纪以来,农村劳动力供求关系进入重要转折期,农民工数量增长稳中趋缓。2002—2008年,全国外出就业农民工数量年均增长595万人,年均增长5%左右,低于20世纪90年代的平均增速15%,进入稳定增长阶段。虽然总体上农村劳动力仍然过剩,但结构性供求矛盾开始突出,农村劳动力供求关系正从长期'供过于求'转向'总量过剩、结构短缺'。农村青壮年劳动力大量转移到非农产业,供求明显偏紧,有一技之长的农民工供给严重不足,农民工供求的区域矛盾突出,'招工难'开始由沿海向内地扩散,有蔓延和加剧之势。"①

然而,即便城市以农民工的"低人权"来获得自身的发展与腾飞,我们依然可以看到,城市对农民工的接纳也是非常有限甚至是抵触的。早在20世纪80年代末90年代初,"民工潮"兴起就曾经引发忧虑,城市普遍存在着对农民工进城的"戒心":"一是认为大量涌来的农民工远远超出城市特别是大城市的容纳能力;二是认为大量农民工的涌入,会给城市生活

---

① 韩俊、何宇鹏、金三林:《农民工市民化:我国现代化进程中的重大战略问题》,见 http://www.cqn.com.cn/news/xfpd/szcj/cj/403587.html,2014-06-09。

带来种种的困扰和问题;三是认为在经济紧缩时期,如果这些人在城市找不到工作,会回不到农村去,就会成为带有造反倾向的'流民。'"①而到了21世纪,这种认知并没有随着农民工为城市发展所作的贡献而发生转向,而是随着新生代农民工对自身权益诉求的不断提升而不断加剧②,城市与农民工之间的问题日益凸显。

2009年12月23日早晨8点47分,上海电台动感101《音乐早餐》节目发生了一起轰动全国的事件:在播放音乐间隙,主持人晓君和小畅,使出浑身解数,用上海方言聊天逗笑,以博观众开心。此时,一位听众给节目组发了一条短信。据主持人晓君回忆,短信内容为:"求你们不要说上海话了,我讨厌你们上海人!"直播节目中,晓君将这条短信一字一句地念了出来,然后语调认真地说:"请你以一种,团成一个团的姿势,然后,慢慢地,以比较圆润的方式,离开这座让你讨厌的城市,或者离开你讨厌的人的周围。"主持人晓君此话一出,被各大网站纷纷转载,"本土"和"外地"的口水之争立即成为网络热门话题。在这些议论中,有支持主持人的,但绝大多数人持批驳态度。如一位北京网友表示,主持人以牙还牙,貌似解气了,其实让大家看到了他的不够宽容和大气,有涵养的人是不会这么做的。也有网友称,听众只是表达了自己的个人感情,说自己不喜欢上海,这很正常。主持人作为一个公众人物,说的话不仅侮辱了那个听众,而且也侮辱了整个上海。

2013年,人民网发出一条微博,一个在北京六年的河北青年说:"只有在陌生人找我问路的时候,才感觉自己属于这个城市。"

事实上,由于近30年来工业化和现代化进程的迅猛发展,给社会带来

---

① 孙立平:《农民工是洪水猛兽吗》,《探索与争鸣》1996年第2期。
② 与父辈不一样,新生代农民工渴望成为城里人,或者说,享有城里人的生活模式。珠三角大街小巷随处可见穿着廉价但又"时髦"的新生代农民工以自己的实际行动表达了这一诉求——而他们的父辈们,则衣着朴实,他们会更多地将钱积攒下来,回家乡盖房子、娶媳妇。

的城市外来者问题已成为显著命题。整体而言,中国农民工的数量还在不断增长,其中新生代农民工出现了新的特点和诉求。数据显示,1980年及以后出生的新生代农民工12 528万人,占农民工总量的46.6%,占1980年及以后出生的农村从业劳动力的比重为65.5%。① 与其父辈相比,他们对于城市的渴望发生了翻天覆地的变化,正如国务院农民工工作领导小组办公室主任杨志明所指出,"目前'80后''90后'已经占到农民工的70%以上,和老一辈相比,他们的诉求由'进城挣钱,回乡发展'转变为'进城就业、融入城市';由过去足额支付劳动工资,向参加社保转变;由过去要求改善劳动条件,向要求分享企业经济效益和城市发展成果转变"②。新生代农民工大都受过初中以上教育,许多人尚未婚配,没有或较少有家庭负担,其中大多数人基本没有务农经历,有的甚至缺乏基本的农业劳动常识和技能,他们外出务工的动机和对未来的预期也明显不同于上一代打工者,他们不但希望在城市中谋生,更希望在这种经历中得到历练,甚至找到新的归宿。

基于此,问题也就自然呈现:这些来自不同地区(很多城市的打工者也未必是农民,可能来自一些不发达地区的小县城)的人汇聚在一起,他们与出生于城市的原住民相比,其真正差距并不在于不努力或不愿意奋斗,也不在于某些技能上的缺失,而是在于对城市生存之道的认知与之存在差距,以及他们从而演绎出的对自我的规划和执行力,这种缺失直接将他们固定在了阶层流动的门槛前。虽然这种缺失和阻拦同样出现在第一代的农民工身上,但由于他们尚未开启进入城市的期待模式,所以由此引发的问题不会产生重大的社会动荡。③但新生代农民工则会因为这种缺失和阻拦而产生

---

① 《2013年全国农民工监测调查报告》,见http://www.stats.gov.cn/tjsj/zxfb/201405/t20140512_551585.html,2014-06-09。
② 《深圳新生代外来工揾工日记:从进城挣钱到融入城市》,《南方日报》,2014-03-06。
③ 比如在社保问题上,第一代的农民工会主动要求工厂不交社保,直接多发工资,甚至在工厂为其交了社保后要求退回个人所交的部分,这样他就将工厂为其所交的那部分浪费了(曾经深圳、东莞涌现退保潮)。而新生代农民工会特别看重自己的社保,甚至将其作为自己选择工作的一个重要因素来考虑。

重大社会问题,并影响到未来的中国经济发展模式。① 近年来,媒体多用"中国劳工力量崛起"这类语言对新生代农民工进行描述。

2010年,国务院发展研究中心成立"促进城乡统筹发展,加快农民工市民化进程研究"课题组,由侯云春、韩俊、蒋省三等知名学者牵头,课题组成员包括何宇鹏、金三林、王宾、林家彬、许召元等十几位专家。他们对6 232位农民工进行问卷调查,结果显示,长期或者全家都在城市的农民工,有70%左右愿意接受市民化。课题组对重庆、武汉、合肥、郑州、东莞、嘉兴6个城市和20多个小城镇进行了持续2年的跟踪调研,从教育、住房、社会保险以及城市管理费用等四个方面测算每位农民工市民化需要支付的公共成本,得出的结果是:重庆市80 408元、嘉兴市83 690元、武汉市85 087元、郑州市77 361元。按人均成本8万元计算,内地现有1.6亿农民工市民化的总成本需要人民币近13万亿元。报告执笔人金三林解释说:"这项成本并非高不可攀。"在每个农民工市民化所需的8万元公共支出成本中,远期的养老保险补贴平均约为3.5万元,约占总成本的40%～50%;需要短期支付的住房和义务教育等一次性成本约为2.4万元,加上每年的民政救助等社会保障及公共管理成本平均约为560元,占总成本的1/3左右。"对中国政府而言,这一成本支出并非不可承受。"②

在社会学领域,大众传媒与社会关系整合之间的紧密关系早已受到关注。③ 由于现代社会的关系建构和社会整合在很大程度上已经脱离了农业

---

① 已经完成或正在经历现代化发展的多数国家的经验表明,农民工城市化对于加快转变经济发展方式意义特别重大,其所带来的人力资本投资增加进而促进人力资本存量的扩张效应也是难以估量的。
② 《大陆农民工市民化成本调查》,见 http://www.ifengweekly.com/detil.php?id=642。
③ 如英国社会理论家吉登斯(Anthony Giddens)指出,现代性的重要特征在于其具有的"脱域"(disembeding)机制,即社会关系从彼此互动的地域性关联中,从通过对不确定的时间的无限穿越而被重构的关联中"脱离出来"。与此相关的过程则是社会关系的"再嵌入"(re-embedding),即重新转移或重新构造已脱域的社会关系,以使这些关系与地域性的时空关系相契合。这一"脱域"和"再嵌入"的过程,必须借助于现代社会逐步发展起来的抽象的中介系统才能完成。参见〔英〕安东尼·吉登斯著,田禾译:《现代性的后果》,译林出版社2011年版,第18-25页、第69页。

社会充分整合的人际模式(如宗教、血缘、宗族、礼俗等),更多地依托于跨越时空限制的非个人化中介手段,即大众传媒,那么,在外来者进入城市后的社会化进程中,大众传媒的角色变得不可忽视。典型的现代社会应当建立在"传统联系的削弱、理性观念的发育和社会分工的专业化这三个基础之上",在这样的社会中,"个人与周围社会秩序的关系通过媒介的中介作用来加以确定"①。由媒介作为中介的社会秩序深化可以帮助完成社会认同,这也为本研究提供了学术价值和应用价值的依据:当下的城市外来者希望"进城就业、融入城市",中国的城市化进程也需要他们融入城市,在这一背景下,如何通过媒体的中介手段来增强外来者与城市之间的融合,减少社会偏失成为一个亟待解决的问题。从实用主义的角度来说,这种融合将直接带来社会管理的"不折腾",减少社会管理的成本。

》第二节 新需求:社会要解决农民工的什么问题?

2009—2010年间,麻省理工学院斯隆商学院教授黄亚生与中山大学、《南方都市报》联合发起了对广东省外来务工人员的调研,其结果具有显著意义:中国城市的外来者在城市化进程中的受益非常低。"农民进城打工,确实能够比他们在农村务农有更高的收入,但这个提高是一次性的,并没有形成持续提高的预期,而人的消费是取决于现时收入和对将来收入预期的。这次研究同时表明,农民工并没有提高消费水平。"②而在

---

① 陈卫星:《传播的观念》,人民出版社2004年版,第70页。
② 黄亚生:《中国要向"市场城市化"过渡》,见 http://www.ciudsrc.com/new_chengshihualv/gedi/2011-06-10/14294.html。

意识到自己无法成为"城里人"之后,农民工把大量收入用于风险性储蓄。中山大学的调研表明,广东地区农民工的储蓄率高达40%,有的达到60%,比全国平均水平要高出25%。残酷的数据彰显了农民工群体在融入城市无果后所做的努力,也暗示了该群体与城市居民在资源获得、上升空间等各个层面上存在的差距。那么,这个差距可以逆转么?如果可以,应如何逆转?

必须承认的现实问题是:20世纪50年代以来推行的城乡二元制度,是当前农民工市民化的最大障碍。在中国的小城镇进行户籍制度改革之前,城乡差异几乎不可逆转。换句话说,如果不能获得城市居民的身份,农民工融入城市的可能性几乎为零,其原因很简单:交往的不稳定性。一直以来,农民工都在乡村和城市之间候鸟般"迁徙",其背后则是城乡二元结构和分割的社会保障体系。受城乡分割的户籍制度影响,2亿多农民工及其随迁家属,未能在教育、就业、医疗、养老、保障性住房等方面享受到城镇居民的基本公共服务。事实上,只有农民工群体拥有城市身份,基本解决以上基本问题后,他们与城市居民之间持续交往的预期才会变高,才能增进双方的和平共处。如果农民工群体一直被城市排斥,游离于城市边缘,他们会把自己与本地居民的每一次遇见视作最后一次交往,这时背叛会被视为最优选择——一些城市中常见的抢劫、暴力,往往源于行动者认为自己可以"干一票就走"或"谁知道是我干的呢"。在这种认知下,相对牢固的信任与合作关系就难以建立,无论投入多强的警力,城市的治安终究难以出现质的改变。

从20世纪80年代末90年代初开始,大量非城市居民涌入城市,城市享用着他们带来的廉价服务,却利用户籍制度将这一群体拒之门外。现在,中国的城市化进程不断加快,推动了户籍制度的松动,并对外来者进入城市做了一定的准备,外来者因自身原因也对认识城市、融入城市不断提出诉求。2014年7月30日,国务院新闻办公室举行《关于进一步推进户籍制度改革的意见》有关情况新闻发布会，八个部门的负责人同时出席发布会并介绍相关情况，其中人力资源社会保障部副部长杨志明在回答记者提问时表示，户籍制度改革对农民工逐步融入城市具有重要作用。

作为农业转移人口的主体，农民工是我国改革开放以来伴随着工业化、城镇化快速发展成长起来的新型劳动大军。杨志明指出，本次户籍制度改革的目标是要有 1 亿左右的农业转移人口及其他常住人口在城镇落户。然而，解决了户籍这个必要问题后，农民工的城市融入问题是否就解决了呢？答案显然是否定的。

在中国，农民工的城市融合通常被视作公共管理问题。学者们通常将农业转移人口城市化的障碍划分为制度壁垒、城市无力承担巨额成本、农民工素质欠缺、生活方式不融合、农民自由土地无法自主买卖等多个视角，这显然将农民工的城市融入完全"物化"了。在具体的思路上，有学者指出，"新型城镇化"应该从基于政府主导的"国家的视角"走向充分发挥国家、市场、社会的建构能力的"社会建构的视角"[1]。"城市的兴起和发展，将改变中国社会中个人与社会的联结方式，以及人们的生活方式。随着城市性的扩展蔓延，传统中国的乡土性将被现代性所取代。"[2]以人为核心的新型城镇化就是发展并扩展人的城市性要素，即理性化人格、次级社会关系、超负荷社会交往模式、亚文化环境、创新与反常规、宽容，进而使得个体"获得并不断积累城市性、最终融入城市生活方式的过程"[3]。由此看来，人的城市化至少会涉及两个方面的变化：社会联结方式的变化、生活方式和思想观念的变化。而这就为传播提供了阐述空间，因为作为一种社会发展的生产性要素，"信息传播技术是社会组织形式和文化模

---

[1] 董阳、王娟：《从"国家的视角"到"社会建构的视角"——新型城镇化问题研究综述》，《城市发展研究》，2014 年第 3 期。
[2] 陈映芳：《城市中国的逻辑》，三联书店 2012 年版，第 20 页。
[3] 王兴周、张文宏：《城市性：农民工市民化的新方向》，《社会科学战线》，2008 年第 12 期。

式的决定性因素"①。调研中同时也证实了这一点:对新生代农民工来说,最让他们觉得孤立的是"来自城市的歧视",这也正是目前被忽视但又亟待重视的建设领域。从发达国家的移民融合经验来看,他们往往会通过国家、市场、社会的共同建构,达到促进新移民融入的目的。国家主要指政府负责政策支持如深化户籍制度改革、健全农民工社会保障体系等,市场来提供工作机会,而社会则通过多个渠道展开对新移民的同化与精神慰藉,具体包括社区公园、图书馆、各种活动、培训(一般会提供语言及基本技能培训)、教会、慈善机构、社区媒体等。对比我国当前形势,国家与市场的作用正在稳步提升并逐渐完善,但从社会层面来看,针对新生代农民工城市融入所能提供的精神慰藉显然不足。还必须指出的是,在当前社会所能提供的各种精神慰藉渠道中,绝大多数为累进式,即需要多年建设才能得以完成,如志愿者服务、各种居民活动等等。这样一来,社会力量的不足就直接降低了国家、市场在促进新生代农民工融入城市进程中的作用。

此外,早在20多年前,西方大量针对新移民社会化的传播研究已表明:新移民的社会化应该通过有组织的新移民与土著之间正式或非正式的互动展开,辅之以一些传统的纸质文件,如备忘录和培训材料。② 在另外一个话语与新移民关系的研究中,我们也看到了新移民的城市化与组织化之间的关系:(1)与新移民城市化相关的话语必须在发展个人能力的同时强调现存的组织模式;(2)当需要建构个人—组织之间的关系时,非

---

① 陈卫星:《传播的观念》,人民出版社2008年版,第1-2页。
② Allen, N. J. & Meyer, J. P. (1990), "Organizational Socialization Tactics, A Longitudinal Analysis of Links to Newcomers' Commitment and Role Orientation", *Academy of Management Journal*, 33, pp. 847-858; Fedor, D. B., Buckley, M. R. & Davis, W. D. (1997), "A Model of the Effects of Realistic Job Previews", *International Journal of Management*, 14, pp. 211-221; Jablin, F. M. (1987). "Organizational Entry, Assimilation, and Exit", in F. M. Jablin, L. L. Putnam, K. H. Roberts & L. W. Porter (Eds.), *Handbook of Organizational Communication*, pp. 679-740. Newbury Park, CA: Sage.

正式的面对面的沟通非常重要；(3)在城市化的话语中,应当有一些与组织化相关的正面引导。① 当然,伴随着传播技术的极大提升,这种城市融入的研究视角也发生了一些相应的变化。目前,先进的传播与信息技术已成为组织内新移民寻求社会融入信息的第二大工具,仅次于面对面的传播。② 对比我国当前形势,国家与市场的作用正在稳步提升并逐渐完善,但从社会层面来看,针对新生代农民工城市融入所能提供的精神慰藉显然不足。还必须指出的是,在当前社会所能提供的各种精神慰藉渠道中,绝大多数为累进式,即需要多年建设才能得以完成,如志愿者服务、各种居民活动等。这样一来,社会力量的不足就直接降低了国家、市场在促进新生代农民工融入城市进程中的作用。

虽然中西方新移民所处的社会背景有诸多不同,但其城市化的趋势一致。孙立平认为,"民工荒"的出现提醒我们,"低人权"的发展模式必须进行转变,至少两个问题需要提上日程,一是构筑具有现代文明的工资关系,核心是法律对劳动者权益的保护以及劳资关系中讨价还价制度的建立;二是在推进城市化的过程中,实现农民工的市民化和产业工人化。③ 事实上,对那些努力寻求信息的人来说,使用先进的传播和信息技术,进行以同化为目的的传播可以有效提升其获得信息的机会,当然,这也有利于他们对环境的适应与同化。④ 结合中国农民工所处的社会背景,由于当下中国社会尚无可能大面积为农民工提供西方那些个性化、"面对面"的城市融入教程,这就为中国当下农民工的社会融合研究提供了可参考

---

① J. Kevin Barge & David W. Schlueter (2004),"Memorable Messages and Newcomer Socialization", *Western Journal of Communication*, 68(3), pp. 233-256.
② Jennifer H. Waldeck, David R. Seibold & Andrew J. Flanagin (2004),"Organizational Assimilation and Communication Technology Use", *Communication Monographs*, 71(2), pp. 161-183.
③ 孙立平:《民工荒:一个时代的终结》,《学习月刊》,2010年第10期。
④ Jennifer H. Waldeck, David R. Seibold & Andrew J. Flanagin (2004),"Organizational Assimilation and Communication Technology Use", *Communication Monographs*, 71(2), pp. 161-183.

的实用视角:(1)组织化;(2)传播媒介化。

应该说,"组织化"是近年来农民工群体维护自身利益的形式,"传播媒介化"则是借新技术发展所衍生出的平台,其传播话语的落脚又在哪里?

对于第一代外来者而言,除了读书、入伍、提干、婚嫁等方式,他们中的大部分无法完成与城市之间的沟通和融合,虽然也使用媒体,但媒体对他们来说多是娱乐和消遣的符号。"我比较机灵,做了三个月就是拉长了,那时候(1994年)一个月挣1 000多,我觉得挺好……看什么电视啊?连续剧喽!我们女孩子就看言情剧,他们男的(指着身边的老公)就看武侠的(笑)。报纸很少看,杂志有看,就是《知音》《佛山文艺》什么的。我老公做采购,他一个月2 000多,还有外水(油水)。那时候是最好的,没那么多歧视,赚得也多……那时候要买了房子就好了,我们2000年的时候拿了20万回他家(广东罗定)建房子,建了4层,真傻啊,现在买不起了。不知道为啥,我们那时候根本没有想要留在城市。"① 访谈中的这席话几乎可以代表第一代农民工对城市的认知,然而,对于今天的新生代外来工而言,通过媒体融入社会秩序已被他们挖掘并视作一个渠道:2014年"两会"期间,广东团外来工代表易凤娇在接受媒体采访时表示,"许多新生代是在用手机看新闻,或者学知识"②。在东莞和深圳,已有工厂聘请新闻从业者给工人们讲解新媒体的使用,其中深圳还出现了专门的社会组织来培训外来者,让他们学会通过网络媒体进行维权。③ 从这个意义上来说,中国的媒体介入社会秩序的深化、帮助外来者完成与城市之间的融合已迫在眉睫,"现代社会的关系建构和社会整合"的工具——媒体已经被推上了历史舞台。

---

① 刘＊＊,1975年出生于广东梅州,1992年到深圳打工,2005年由于工厂倒闭来到佛山,现经营一家杂货铺,一家三口的月收入约为8 000元。她的"根本没有想要留下来"折射出第一代外来者与城市之间的平行线关系。
② 《深圳新生代外来工揾工日记:从进城挣钱到融入城市》,《南方日报》,2014-03-06。
③ 如深圳小小草工友家园在成立10周年的时候,还专门在香港中文大学深圳研究院举行了"深圳小小草工友家园十周年论坛之工人文化与新媒体研讨会"。

在这样的背景下,如果媒体依然将其社会融合功能置之度外,结果必然是外来者与其暂居的城市之间无法完成融合,成为游离于城市与乡村之外的"边缘人",也就必然会引发各种社会失序。目前,在任何城市,我们都能看见庞大的商业圈与金融区、产业园,中产阶层的生活方式和消费也与国际同步,但我们也不难看到,外来者聚居所带来的城市贫民区及边缘群体的繁衍已成为城市的"断裂"面和社会矛盾所在。对于这样的一个"断裂"社会而言,如果要维持一个基本整合的状态并持续发展,就不仅要致力于"断裂"状态下社会成员的经济与政治地位差异的弥合,还要致力于对社会意识和文化认同进行疏导和管理。这也就是说,城市管理者必须通过媒介的中介功能,为这些外来者提供进入城市所需要的各类信息储备,并提供畅通的表达渠道,为外来者融入城市做好准备。

》第三节　作为城市融入的渠道:媒介

早在19世纪,欧洲古典社会学家几乎不约而同地就现代社会与传统社会在社会关系维系的结构特征方面的差异,提出了一系列表述各异但内涵颇为类似的概念。例如,斯宾塞的"尚武社会"与"工业社会"、滕尼斯的"共同团体"与"社会"、涂尔干的"有机关联"与"机械关联"等。尽管这些简化的二元对立的概念模式在后续的社会理论发展中遭到批评,但在描述传统社会和现代社会不同的"社会关联"机制,即区分出两种社会在关系建构的差异方面,这些古典概念对后来的社会研究产生了深远影响。

社会理论家吉登斯(Anthony Giddens)指出,现代性的重要特征在于其具有的"脱域"(disembeding)机制,与此相关的过程则是社会关系的

"再嵌入"(reembedding),即重新转移或构造已脱域的社会关系,以使这些关系与地域性的时空关系相契合。这一"脱域"和"再嵌入"的过程,须借助现代社会逐步发展起来的抽象中介系统才能完成。基于对欧洲现代制度发展的分析,英国社会学者汤普森(John B. Thompson)也指出,大众传媒与现代社会的形成与发展紧密相关。现代社会的制度包括经济、政治和文化这三个紧密互动的维度,其中现代传播体系的发展是现代制度文化和象征维度的一个重要组成部分,它为人类提供了新的互动方式和认知模式,从而为现代社会制度在各个方面的建构提供了必要的条件和支持。据此分析,我们认为,大众传播系统作为现代"抽象中介体系"的组成部分,构成了现代社会关系重构的一个重要途径。在现代性特征最为明显的都市社会,媒体的这种重构功能表现得尤为明显。

依循这样的思路,20世纪初期美国社会学重要流派芝加哥学派(Chicago School of Sociology)的研究,把信息传播尤其是初步兴起的现代大众传播系统在整合现代社会方面的功能置于极为重要的地位。这个学派的代表人物杜威、库利和帕克深信,大众传媒尤其是报纸在社会生活中所扮演的角色,是重建美国社会道德与政治舆论共识的代理人。尤其是帕克,直接对大众传播进行了实证研究,为传媒与城市社会发展关系的探讨做出了奠基性的贡献,并主导了美国社会理论和传播研究的结构功能主义思潮。尽管帕克在方法论与方法技术层面背离了芝加哥学派的传统,但其基本理念依然大体延续了芝加哥学派的思路,尤其是对传媒和现代信息系统在维护社会功能正常发挥和促进社会整合方面发挥的作用持有相同的价值预设。

美国学者从20世纪40年代开始探索继而成型的经验主义学派和功能主义学派,在部分发达国家和大部分第三世界国家拥有更大的学术影响力,即认为媒介是社会的一个组成部分,在本质上保证文化传递和社会继承的功能。媒介可以控制环境,在社会的各个组成部分之间建立关系,有娱乐作用等。关注个人及其社会化过程是芝加哥学派的出发点,"传播"作为人与他人、与社会的中介因素被强调和重视。以米德为首的符号互动论探索的是"心灵与自我如何在行为过程中产生的问题",更倾向于从个体生活的切入点来探讨社会化如何实现。[①] 芝加哥是一座著名的移民城市,芝加哥大学的社会学早期学者也大都具有移民背景。在这一背景下,《身处欧美的波兰农民》《移民报刊及其控制》等研究著作出现,其核心要义在于:传播是一种社会黏合剂。在《移民报刊及其控制》一书中,帕克通过观察移民如何融入美国的文化,发现这些大都来自欧洲的农民到美国后不久就养成了读报的习惯,从而习得美国文化。《身处欧美的波兰农民》是最早研究移民文化及其社会组织的著作之一,该书不仅评价了移民对美国文化的潜在贡献,还试图从移民自己的角度去理解他们的文化。此外,佩恩基金研究还关注了电影对社会的潜在影响。应该说,"通过对城市进行经验性的田野考察,认识到即使那些已经感到自己被推到边缘或成为被主流社会同化的社会类型的人(罪犯、新近移民、帮派、流浪汉等),也会对社会交往存在迫切的要求,这就是亚文化研究的正式开端"[②]。

此后,美国学者R. 默顿、C. 怀特和T. 帕森斯等人又对这一思想进行了完善和补充。经验—功能主义学派把媒介看成现代社会的新工具和社会调整的决定性机制,被自称为"管理研究"。[③] 1968年,以法国五月风暴为标志的欧美社会的边缘社会群体(青年、少数民族、妇女和部分边缘化的知识分子)掀起了形形色色的社会反叛和权利抗争运动。运动平息后,传播学界开始在思想文化层面上寻找新的出路,换句话说是进行"意识形态的修补",调解(mediation)成为社会对话的核心概念。此时,传播

---

① 黄旦、李洁:《消失的登陆点——社会心理学视野下的符号互动论与传播研究》,《新闻与传播研究》,2006年第3期。
② 〔澳〕肯·格尔德著,达生译:《芝加哥学派:亚文化研究的学科化》,《国外理论动态》,2013年第10期。
③ 陈卫星:《西方当代传播学学术思想的回顾和展望(上)》,《国外社会科学》,1998年第1期。

学的学术重点开始转向与社会变化相结合。

　　伯明翰学派则从文化研究的视角出发,研究作为特定文化群体的农民工。由于伯明翰学派早期的学者大都出身于工人阶级,进入高等院校学习,他们的研究都带有对自身"经验"反思的色彩,确立了不同于精英文化的工人阶级文化的地位,形成了一种底层视角的叙述,强调工人阶级文化的主体性。这一学派的研究起点从雷蒙·威廉斯对文化的定义开始。威廉斯认为文化的定义主要有三种分类:第一种是"理想的",这种意义上的文化是人类根据某种绝对的或普遍的价值而追求自我完善的一种状态或过程;第二种是"文献的",这种意义上的文化就是思想性作品和想象性作品的实体,其中,人类的思想和经验以各种方式被详细地记录下来;第三种是"社会的",这种意义上的文化是对一种特殊的生活方式的描述,它表现了不仅包含在艺术和学识中而且也包含在各种制度和日常行为中的某些意义和价值。① 在威廉斯看来,不同阶级文化的区分"必须从整体生活方式中去寻求,而且不能拘泥于衣食住行、吃喝玩乐此类的外在依据","两个阶级之间的关键区别在于,对社会关系的本质抱有不同看法"②。工人阶级文化"它不是无产阶级艺术,或者集会会场,或者语言的某种特定用法;而是这种基本集体观念,以及由此产生的机构、行为方式、思维习惯和意图等"③。而针对作为特殊生活方式的文化的分析,包括历史批评和对社会生活方式中那些根本不被信奉其他文化定义的人们视为"文化"的各种因素所作的分析,这些因素包括生产组织、家庭结构、表现了或支配着社会关系的各种制度结构,以及社会成员赖以相互沟通的各种特有

---

① 〔英〕雷蒙·威廉斯著,倪伟译:《漫长的革命》,上海人民出版社 2013 年版,第 50—51 页。
② 〔英〕雷蒙·威廉斯著,高晓玲译:《文化与社会:1780—1950》,吉林出版集团有限责任公司 2011 年版,第 337 页。
③ 〔英〕雷蒙·威廉斯著,高晓玲译:《文化与社会:1780—1950》,吉林出版集团有限责任公司 2011 年版,第 338 页。

的形式。① 因此,其基本观点亦是将传播作为建构共同体的一种手段。

1998年起,美国传播学学者桑德拉·鲍尔-洛基奇带领的课题小组,在以人口和文化的多元化而著称的洛杉矶市展开了一项名为《传媒类型:改变社区黏合纽带》的大型研究。该研究以洛杉矶的7个形形色色的居住地区为研究点,使用多种语言接触这些研究点的居民,并运用电话访问调查、社区问题焦点小组、社区组织成员访谈和当地传媒业者访谈等研究方法,采集有关传播与社区归属感产生更大影响的不是财富或特定的文化背景,而是有效的社区传播基础机构。所谓传播基础结构,"是置于传播行动的背景下的趣闻轶事讲述网络"。它包括人、传媒、社区组织创造与传播的日常谈话与趣闻轶事(邻里趣闻轶事讲述网络),以及居住地所拥有的促进邻里传播的资源(传播行动的环境,如公园、安全的街道、图书馆、学校等)。

"没有对身份和认同的追求,社会(人与人的关系组合形成的新意识、新观念、新行动)就不可能得到发展"这一认知已经非常普及。即便在工业化、城市化已完成的欧美,移民(外来者)的社会融入也是国际学术界的热门话题。事实上,也只有当传播达成共识后,才会有一种社会性的动力来要求新的身份认同。换句话说,媒体的传播可以帮助一个群体达成共识,随后他们才会对自己的新身份形成认同,并融入其中。

虽然目前国内主流研究思路依然是从公共管理的视角出发来解决农民工的城市融入问题,但我们也不难看到,近年来诸多传播学者开始介入这一西方传统的传播学领域,并进行本土化的调研、思考、总结,给出各种解决方案。如周葆华的研究聚焦于上海市的城市新移民:以问卷调查的研究方式发现,在城市新移民的媒体使用与人际交往的关系方面,"新上海人"更倾向于使用互联网,更容易接受外地报纸和电视频道,其朋友圈

---

① 〔英〕雷蒙·威廉斯著,倪伟译:《漫长的革命》,上海人民出版社2013年版,第51页。

主要集中于"新上海人",本地上海人的朋友圈主要集中于本地人,跨群体的交流互动明显不足,"新上海人"更多感受到本地人的歧视。所有这些都显示出"新上海人"对上海这座城市的融入感和归属感仍有欠缺,他们与本地上海人之间的传播、沟通还存在相当的分化和隔膜。① 此后,周葆华还通过对上海四份主要报纸的内容分析描述了城市新移民报道的现状、特征与构成,②继而发现城市新移民的形象主要集中在"负面行为者""受难者"与"受保护者",很少在上海报纸中获得主体表达的机会与空间,主要被表征来自外部的"外"地域标签或指代职业身份的"农民工"标签。③ 专门针对上海市新生代农民工新媒体使用与评价的实证研究发现,新生代农民工的新媒体普及率水平很高,超过传统媒体,他们使用新媒体主要以人际交往、休闲娱乐功能为主,集中于对 QQ 和百度的使用,新生代农民工对新媒体的评价显著高于传统媒体。④

而最能显示芝加哥学派研究传统的是丁未有关"攸县的哥村"社区传播与身份共同体的研究。这是第一次对中国流动人口进行社区传播进行的研究,研究考察了城中村特有的媒介基础建设、以粤文化为底蕴的原村民文化设施、流动人口的人际交往点和以互联网和手机等现代通信技术与新媒体为代表的媒介环境,第一次在传播学领域采用"地图法"对石厦村这一大量流动人口聚集的社区进行了社区传播生态分析,描述了全球化网络社会形成过程中,中国的农民工群体以中低端媒介技术工具,按照自己的需求甚至创新,形成了独具特色的媒介化社会关系和传播实践。

---

① 周葆华:《城市新移民的媒体使用与人际交往——以"新上海人"抽样调查为例》,《新闻记者》,2010 年第 4 期。
② 周葆华、吕舒宁:《城市新移民的报道现状、特征与构成——上海报纸中的"新上海人"报道内容分析(上)》,《新闻记者》,2011 年第 4 期。
③ 周葆华、吕舒宁:《城市新移民的媒体形象、表达与标签——上海报纸中的"新上海人"报道内容分析(下)》,《新闻记者》,2011 年第 5 期。
④ 周葆华、吕舒宁:《上海市新生代农民工新媒体使用与评价的实证研究》,《新闻大学》,2011 年第 2 期。

该研究回应了纽曼·卡斯特对于不同文化和制度下有可能产生不同网络社会结构、形态的理论假设。① 随后,孙玮从城市本体上进行了新的预设,把城市作为一种媒介进行传播学阐述,认为"作为媒介的城市,缔造了人与人之间的一种新型关系,以及人类的一种基本存在方式"②。

以上这些理论及研究均沿着传媒与城市社会发展关系而行走,遵循着媒介参与整合社会的思路,对现代传播媒体的角色和作用基本持有乐观的评估和期待,即媒体在整合社会、促进社会现代性进程中起着一定的作用。但必须指出,根据近年来的研究,我们发现:与西方不同的是,在中国现代性叙事中,发展已成为当下社会最重要的主题,从而导致这一垄断性主题颠覆了其他各种形态的主题。在这样的背景下,作为现代性发展的产物,大众传媒就不仅仅是促进社会整合的手段,同样也可能是促进社会分化和加剧社会冲突的因子;不仅仅是"社会公器",也可能加剧主流和边缘之间的误解和距离。根据近年来的研究,我们不难看到,外来务工人员绝大部分时候被媒体排除在主流话语之外,这种"集体盲区"及群体表达的弱势直接导致的结果是中国社会结构变迁中的断裂状态的形成。

科学发展观要求我们追求社会的稳定与和谐,但稳定与和谐取决于社会成员对分配后形成的大体均衡格局的认可和维持。正如社会学家孙立平所说,和谐社会的基本含义是形成大体均衡的利益格局,而其关键是包含利益表达机制、利益协商机制、利益冲突解决机制在内的利益协调机制的建立。但这些机制如何建立?在近年来有关外来务工人员与媒体的研究中,基本的叙事主题是外来务工人员在媒体上的话语缺失或者"形象扭曲",这类研究具有一定的理论意义,但在推进社会进程中却显得相对苍白。在一种社会状况的基本表述之后,媒体能做什么,应该做什么,是

---

① 丁未:《流动的家园:"攸县的哥村"社区传播与身份共同体研究》,社会科学文献出版社 2014 年版。
② 孙玮:《作为媒介的城市:传播意义再阐释》,《新闻大学》,2012 年第 2 期。

否可以成为社会整合的手段,进而推动转型中国的现代性进程。

在现代化尤其是城市化进程中,繁荣的经济、中产阶层生活方式和消费趣味的背后往往是城市外来工的大量付出,但恰恰又是这样一个群体,却依然被城市排斥和相对剥夺。外来工带来的不仅仅是城市版图的扩大,还有城市贫民区的涌现、边缘群体的繁衍,以及社会距离所导致的冲突加剧。改革过程中的达尔文主义以及马拉松效应,使得他们中的大多数远远落后于社会发展的要求,从而被愈益强烈地排斥在社会结构之外。城市的中产及中产以上的居民在享受着外来工们所提供的廉价劳动力和服务的同时,却抱怨着这个群体给城市所带来的不安定因素。显然,这样一个"断裂社会"如果要维持一个基本整合的状态以实现可持续发展,不仅需要致力于社会群体之间经济和政治地位"鸿沟"的弥合,还要强化对社会意识和文化认同的疏导和管理,通过信息沟通机制的完善为不同的社会利益表达和文化维系提供畅通的渠道,从而在信息和文化层面上为社会主体利益的公平博弈提供可能。

第二章 / 媒介使用中的农民工：孤独感

"一个农民进城了，他和这个城市唯一的关系就是脚上那双回力牌白球鞋。"多年前，媒体曾以这样的开头来讲述第一代民工潮涌进城与城市之间的关系。

30年后，那双曾经只有农民工可能才会穿的廉价的回力牌白球鞋，不仅轮回成为潮人的时尚单品，还成为明星的足尖挚爱。然而，农民工与城市之间的关系，却依然疏离。

——摘自《新生代农民工底层生活记录：繁华城市的匆匆过客》，《工人日报》，2010-08-28

〉第一节　农民工及其媒介使用

1958年，《中华人民共和国户口登记条例》颁布，以法律形式规范了全国的户口登记制度，规定了控制人口迁徙的两项基本制度——户口迁移的事先审批制度和凭证落户制度，从而彻底改变了中华人民共和国成立以来人口自由迁移的政策法规，标志着当代中国城乡二元户籍管理制度的正式建立。① 这项法律，不仅限制了人的自由迁徙，而且造就了一套

---

① 王海光：《城乡二元户籍制度的形成》，《炎黄春秋》，2011年第12期。

与粮油供应制度、劳动就业制度、医疗保健制度、教育制度、福利制度等十几项制度相结合的城乡隔离体系,造就了一种城乡权利差别的身份制。占全国人口最多的农民被强行束缚在土地上,为工业化提供积累,实际上处于二等"国民"的身份地位。① "城乡二元分割的户籍管理制度的集体化下的低效农业,在造成城市化落后于工业化的同时,也在农村造就了数量巨大的隐性劳动力群体。"②

改革开放在农村是从实行土地家庭承包责任制的经济改革开始的,农民从土地和集体劳动的束缚中解放出来,普遍的贫困形成了农民走出农村的推力。沿海四大特区设立,14个沿海港口城市对外开放开启了邓小平借助外力发展工业的新思路。这种工业化和城市化的进程形成了对劳动力的大量需求,也形成了引发农民工流动的拉力。"这一轮城市开放,以珠三角的深圳最为典型。海外资本争相进入,一时间中外合资企业纷纷成立,工业区建设如火如荼。建筑行业的工人需求首先激增,然后是各种生产资料需求的增加,产业链条逐渐延伸,对产业工人的需求量也越来越大。"③而这一群体数量的累积必然会带来严重的后果。

2010年中央一号文件《关于加大统筹城乡发展力度进一步夯实农业农村发展基础的若干意见》指出:"采取有针对性的措施,着力解决新生代农民工问题,提高和改善农民工待遇,加快新生代农民工市民化进程。"这一方面是因为在我国的现实国情下,农村人口向城市地区的大量流动转移特别是农民工城市化,将是"十二五"期间乃至未来相当长一段时间内促进我国城市经济发展从而带动经济发展方式转变的一条

---

① 王海光:《城乡二元户籍制度的形成》,《炎黄春秋》,2011年第12期。
② 王海光:《城乡二元户籍制度的形成》,《炎黄春秋》,2011年第12期。
③ 《南方都市报》特别报道组:《洪流——中国农民工30年迁徙史》,见 http://www.infzm.com/content/80213, 2014-06-09。

基本路径,但从更深层次看,农民工的城市化还是推动我国由"数量型"人口红利向"质量型"人口红利转变的重要力量。立足于我国的特殊国情,关注农民工群体脱离乡村、进入城市、融入城市的整个过程,对于全面考察我国社会的现代化进程、探询城市化进程中的城乡互动、推动城乡协调发展基础上的社会转型,具有十分重要的理论和现实意义。与此同时,关注农民工群体的城市认同、市民待遇等问题,有助于我们极力解决农民工市民化过程中的一系列现实问题,化解农民工城市融入过程中与城市原住民之间的利益纷争,其所具有的实践价值也不可估量——这些在国内公共管理科学关于农民工社会融入问题研究的汗牛充栋的文献中可见一斑。

  然而,从传播学的视角来看,农民工的城市融入实践则不是某些指标问题(如受教育、医疗医保、社会保障等),而是一个社会秩序的深化问题。在与伯吉斯合著的《社会科学导论》中,帕克提出了四种递进的社会秩序深化过程。第一阶段是竞争,这是社会互相作用的低级的、普遍的和基本的形式,是没有接触的互相作用;第二阶段是冲突,在这一阶段,竞争性彼此有意识地确认对手或者敌人;第三阶段是顺应,它意味着敌意的停止和冲突的中断,在这一阶段,冲突虽然仍然以潜在的力量遗留下来,但不再以公开行动的形式出现;第四个阶段则是同化阶段,此时,个人和团队都知晓其他团队的记忆、情感和处世态度,他/它们共享彼此的经验,互相在一种共同的文化生活之中融合。① 这也就给我们提出两个问题:如何从文化身份的建构层面出发,去关注农民工的社会融入问题?我们关注的传播问题需从哪些层面入手?18世纪欧洲的启蒙学者面向大众写作,以唤醒民众的理性为己任。大量印刷品的生产流通广泛地传播了自由、民

---

① 〔美〕丹尼尔·杰·切特罗姆等著,曹静生、董艾禾译:《传播媒介与美国人的思想——从莫尔斯到麦克卢汉》,中国广播电视出版社1991年版,第125页。

主、平等的新思潮,同时使社会更加民主,使文化普及到下层,从而在很大程度上导致了权贵对社会控制的衰落和平民地位的上升,推进了社会融合。那么,对于今天南中国的各大工业区里的草根打工者来说,城市,离他们有多远?

"我是正儿八经的高中毕业,在我们老家,能考上高中都是成绩比较好的了,成绩差的,只能上技校、职高。我觉得自己的要求也不高,可找的那几份工作都不靠谱!"在访谈中,吴天帆(化名)讲述了自己3个多月的经历:第一份工作在青岛啤酒厂搬货,干了一天就结束了……"我真得搬不动,在家我什么重活都没有做过。"第二份工作是在一家珠宝加工企业,"粉尘太厉害了,工资倒是挺高,一个月有6 000块,但我觉得这个肯定对身体不好,所以做了半个月就没做了。"最近的一份工作是帮人卖手机,国产品牌的手机不大好卖,而且顾客都是和自己差不多的打工者,"那么便宜的手机还挑三拣四,这种伺候人的活,太憋屈"。不过,吴天帆说,在找到下一份满意的工作前,自己不会辞职了,"总不能老找父母要钱吧?我都出来大半年了。"

除了找工作屡屡碰壁,让吴天帆非常想不通且最郁闷的则是"为什么他们一眼就看得出我是外地人"。明明已经尽自己最大努力装扮了——染了头发、打了耳洞、穿着垮裤、换了手机——可大家还是一眼就能认出自己是"外地人","带着小孩的那些城里女人都拉着孩子离我们远点"。

"我觉得自己再怎么努力,都离这个城市很远。"吴天帆羡慕地看着做访谈记录的学生,"还是你们好,听说你们这次做调查的人中间也有从农村出来的,但硬是看不出来嘛!"之于吴天帆,城市对他的排斥远超过找不到合适工作带来的不甘。(摘自袁凌轩访谈

手记)

从学科建制来看,传播学始于城市兴起:在帕克、沃斯进行的城市研究中,芝加哥学派锁定了传播之于城市融合的功能。芝加哥学派"传播观"的形成,与当时美国城市的发展、人群的融合密切相关,在帕克看来,传播是解决城市整合缺失问题的工具。不可否认,在过去的30多年中,中国的经济出现了翻天覆地的变化,但从这30多年来中国媒体的"传播"观以及外来工的媒介使用现实来看,对解决城市整合至关重要的工具——传播,却是缺失的,这就造成了"吴天帆们"与城市的互相排斥。这不仅是新生代农民工的感受,也是那些从小跟着打工的父母在城市生活的农民工二代的认知。"我身上的农民工味道大概是洗不干净了。"1995年出生的申方(化名)是湖南人,因为有亲叔叔在当地镇政府工作,解决了他的读书问题,所以一直跟随打工的父母生活。"我上的是镇上的公办小学、中学,我的粤语说得和当地人一样好,爸妈也在镇上买了个小房子落户了,但我总觉得自己和他们不一样。"(摘自袁凌轩访谈手记)

近年来,有关媒体与外来者的研究有以下视角:(1)媒介排斥论。主要研究媒体在报道农民工形象时影响了该群体的社会身份建构(李艳红,2006,2009;许向东,2009);(2)媒体在外来者话语权与利益表达上的缺失(杨敦显,2007;黄典林,2009)。这类研究强调了媒体在外来者话语权与利益表达上的责任,这种表达悲悯外来者的利益缺失,但在大众传媒如何促进外来者与城市的融合上甚少建树;(3)外来者的媒介使用研究(冯恩大,2005)。冯恩大认为,提高外来者的媒介素养可以帮助其融入城市生活,但如何通过媒介资源的重新分配来帮助这个群体融入社会则没有完成。

至少在当下的城市化进程中,媒体因其跨越时空限制的非个人化中介手段,已成为一种理想化的社会文化融合工具。城市外来者可以通过媒体来熟悉他所居住的城市的事件、习俗,完成对他所居住的城市的感性触摸和理性思考,也只有这样,社会秩序的深化才能最终完成,解决外来者在城市中的文化融合和冲突问题。基于这样的视角,我们采取了问卷调查与民族志相结合的调查方法,对广东省佛山市外来工的媒介使用情况进行了一次摸底。结合相关社会理论和社会背景的分析,依循传播学中受众研究的相关传统,此次调查对以下三个方面的问题进行了探讨:(1)外来者如何选择媒体?这种选择对他们认知城市、融入城市产生了什么样的影响?(2)转型社会对媒介整合社会功能的需求放大,当下中国媒体如何调整自身以便有效服务于社会发展的这一需求?(3)就当下而言,媒介使用促进了城市融合吗?

〉第二节　媒介与新生代外来工社会关系研究个案

该研究的样本构成如下:在有效访问的 297 份问卷中,男性的比例为 45.5%(135 人),女性占 39.1%(116 人),有 15.5%(46 人)没填此选项。调查对象中年龄的最小值为 18 岁,最大值为 39 岁,均值为 26.12 岁,其中年龄为 23 岁和 25 岁的调查对象比例最大,分别为 14.8%(44 人)、12.5%(37 人)。其中 60.3%(179 人)的调查对象为农业户口,非农业户口的调查对象比例为 35.7%(106 人),有 2.4%(7 人)的调查对象不清楚自己的户口性质。从整体上来看,调查对象以农业户口为主。在调查对象中,已婚人士占 36.0%(107 人),未婚人士比例达 63.3%(188 人),未婚比已婚高出 27.3% 的百分比。这与调查对象的年龄分布有关。没有学历为小学及小学以下的调查对象,具备初中、高中、中专/技校文凭的分别占 7.7%(23 人)、10.1%(30 人)、21.2%(63 人),有 36.4%(108 人)的调查对象学历为大专,有 23.9%(71 人)的调查对象学历为本科及以上,大专及大专以上的调查对象占到 60.3%(179 人),见表 2.1 至表 2.3。

表 2.1　　　　　　　　　媒体使用

	从不	偶尔	有时	经常	频繁	合计	均值
报刊	11.8%(35)	50.2%(149)	25.3%(75)	9.4%(28)	2.0%(6)	98.7%(293)	2.39
广播	13.5%(40)	43.4%(129)	26.3%(78)	12.1%(36)	1.7%(5)	97.0%(288)	2.43
电视	3.0%(9)	15.8%(47)	27.6%(82)	40.5%(120)	12.1%(36)	99.0%(294)	3.43
电脑	0.7%(2)	4.7%(14)	4.0%(12)	38.0%(113)	51.3%(152)	98.7%(293)	4.36
手机	0.7%(2)	6.1%(18)	5.1%(15)	30.3%(90)	56.5%(168)	98.7%(293)	4.38

注:报刊缺失频数为 4,所占比例为 1.3%;广播缺失频数为 9,所占比例为 3.0%;电视缺失频数为 3,所占比例为 1.0%;电脑缺失频数为 4,所占比例为 1.3%;手机缺失频数为 4,所占比例为 1.3%。

将"从不""偶尔""有时""经常""频繁"分别记 1 分、2 分、3 分、4 分、5 分(以下情况同),调查对象使用报刊、广播、电视、电脑、手机的均值分别为 2.39、2.43、3.43、4.36、4.38。可见,调查对象使用新媒体比较多,手机与电脑的使用率最频繁。相比之下,传统媒体的使用较为逊色。在传统媒体中,电视的使用率又比报刊、广播高,报刊与广播的使用均值几乎持平。

表2.2　　　　　　　　　　　媒体可信度

	非常不可信	不可信	基本可信	可信	非常可信	合计	均值
报刊	1.3% (4)	8.4% (25)	57.9% (172)	29.7% (88)	2.0% (6)	99.3% (295)	3.23
广播	1.0% (3)	7.7% (23)	58.7% (174)	29.3% (87)	2.0% (6)	98.7% (293)	3.24
电视	1.7% (5)	7.7% (23)	50.5% (150)	33.7% (100)	5.7% (17)	99.3% (295)	3.34
电脑	1.7% (5)	20.2% (60)	59.3% (176)	16.5% (49)	2.0% (6)	99.7% (296)	2.97
手机	1.3% (4)	18.2% (54)	62.0% (184)	15.8% (47)	2.4% (7)	99.7% (296)	3.00

注：报刊缺失频数为2，所占比例为0.7%；广播缺失频数为4，所占比例为1.3%；电视缺失频数为2，所占比例为0.7%；电脑缺失频数为1，所占比例为0.3%；手机缺失频数为1，所占比例为0.3%。

由此可见，调查对象对媒体的信任度并不够高。其中，最低值为电脑，均值是2.97；手机的可信度也并不高，均值为3.00。从传统媒体与新媒体比较来看，传统媒体的可信度较高，其中最高的为电视，均值为3.34。结合上文数据可以发现，调查对象虽然经常使用新媒体，但却不太信赖新媒体。

表 2.3　　　　　　　　　　上网活动

	从不	偶尔	有时	经常	频繁	合计	均值
QQ 聊天	1.3% (4)	12.5% (37)	22.2% (66)	33.7% (100)	30.3% (90)	100.0% (297)	3.79
玩游戏	10.4% (31)	42.8% (127)	29.3% (87)	12.5% (37)	4.7% (14)	99.7% (296)	2.58
浏览新闻	1.3% (4)	6.7% (20)	21.5% (64)	49.7% (147)	20.5% (61)	99.7% (296)	3.81
搜索知识	1.0% (3)	9.1% (27)	29.0% (86)	43.4% (129)	16.2% (48)	98.7% (293)	3.66
上招聘类网站	15.5% (46)	37.4% (111)	33.3% (99)	10.8% (32)	2.7% (8)	99.7% (296)	2.48
逛论坛或社区	13.8% (41)	35.3% (105)	30.0% (89)	13.5% (40)	6.7% (20)	99.3% (295)	2.64
收发邮件	7.7% (23)	19.9% (59)	23.9% (71)	29.7% (88)	17.8% (53)	99.0% (294)	3.30
使用微博博客空间	2.0% (6)	11.4% (34)	19.2% (57)	36.8% (109)	29.3% (87)	98.7% (293)	3.81
使用微信	11.1% (33)	12.8% (38)	22.2% (66)	26.9% (80)	26.3% (78)	99.3% (295)	3.45
知晓周围发生的事	2.7% (8)	12.5% (37)	24.9% (74)	38.4% (114)	19.5% (58)	98.0% (291)	3.61

注：玩游戏缺失频数为1,所占比例为0.3%；浏览新闻缺失频数为1,所占比例为0.3%；搜索知识缺失频数为4,所占比例为1.3%；上招聘类网站缺失频数为1,所占比例为0.3%；逛论坛或社区缺失频数为2,所占比例为0.7%；收发邮件缺失频数为3,所占比例为1.0%；使用微博博客空间缺失频数为4,所占比例为1.3%；使用微信缺失频数为2,所占比例为0.7%；知晓周围发生的事缺失频数为6,所占比例为2.0%。

数据显示,调查对象在网上经常做的事情排名前三的分别是浏览新闻、使用微博博客空间、QQ 聊天,均值分别为 3.81、3.81、3.79。他们最不经常上招聘类网站和玩游戏,均值分别为 2.48、2.58。

调查对象对媒体所发挥的各项功能——信息传播、舆论监督、宣传、广告功能、娱乐功能、教育的评价均值分别为 3.76、3.49、3.81、3.90、3.83、3.58,即普遍认为媒体所发挥的舆论监督与教育的功能较低,信息传播功能一般,宣传与娱乐功能相当,广告功能最高。五项功能的均值都处于一般与较好之间,可见调查对象对这五项功能都普遍具有较好的认可。但是,大部分的调查对象极少在自身利益受损时向媒体投诉或者向媒体反映看不惯的现象,也很少在微博上@大 V,也没有@给这个城市的各级官员,媒介参与的意愿普遍不高。

调查对象最关注的是与其生活切身相关的社会类新闻,但他们认为,媒体在帮助自己融入城市生活中意义不大。其中,媒体在帮助打工者融入陌生社会这个问题的表现上得分最低,其次是真实报道打工者。在让打工者表达观点与心声、提供打工方面的政策法规两方面,媒体表现一般。媒体在帮助打工者维护合法权益、提供有用的工作和招聘信息方面表现得要略好一些。

调查发现,受教育程度较高的外来者会选择多种信息获取及沟通方式(包括各种聚会、旅游、阅读书籍等),而受教育程度较低者则使用手机上网,完成一般社交、娱乐及新闻信息获取——他们对手机的依赖程度要远远超过自己的理解;但与此形成悖论的是:他们又往往不信任手机上的信息。较之后者,受教育程度较高者对这个城市的依赖程度要低很多,他们并不勉强自己生活在任何一个城市——当然,他们一定会选择留在城市(可以是不同的城市),这几乎没有太大的认知差异;受教育程度较低者则希望留在城市,但城市留给他们的空间却很小。同样希望留在这个城市,但男性比女性更依赖于媒体的信息获取,而女性则通过天生的语言优势完成社会融合的第一步,人际沟通对她们的帮助更大,随后还有可能通过婚嫁的形式彻底融入当地社会。粤语成为融入佛山的一个显著标志,与珠三角其他城市的外来者相比,佛山的外来者更愿意讲粤语,并将学会粤语视为自己适应当地生活的一个标志。

此外,几乎所有的调查对象都认为有必要专门为打工者办一份媒体。他们最希望从媒体上获得技能培训信息、维权指南,求职招聘信息与相关的政策法规这两项的均值相等,排第三位。成功的创业经验的均值最低,大部分人认为这项内容没有其他内容那么重要。

与广东省农民工代表易凤娇的表达相一致,新生代外来者对城市融入的意愿非常强烈,他们对自己"被边缘化"的身份非常尴尬,也积极地从媒体上寻求帮助,但传统媒体对他们的社会关照明显不足。应该说,由于外来者从最初的社会关系中"脱域"出来,对新的社会关系的"再嵌入"必须借助于现代社会逐步发展起来的抽象中介系统(媒体)才能完成。然而,目前媒体关于外来者的呈现基本为被动反应,这是媒体在当前权力机制和市场模式下的必然后果。结果显然与社会需求相悖,这也就解释了为什么外来者对媒体的信任度并不高,媒体参与的意愿并不高,但他们却都非常强烈地希望有一份专门为外来者创办的媒体。至此,我们的第一个问题获得了答案:外来者对媒体有着期望,但普遍对当下媒体所提供的内容并不满意。因此,他们更多通过手机和电脑搭建自己的关系网,以社交网络的方式获得各种信息,而不是通过学习融入社会。

当然,从社会管理的角度来说,城市管理者也远远没有将社会认同与媒体的传播进行关联。即便外来者已经意识到媒体与其认识城市、融入城市之间的关联,城市管理者并没有将媒体推进外来者与城市的融合视为社会认同的有效手段,因而也没有推动媒体服务于这一需求,随后对城市管理者的走访也再次验证了这一结论。事实上,由于近年来中国社会的变化极其快速,城市的扩张非常迅猛,即便是城市居民,他们对自己所在城市的陌生感也在不断加深。从这个意义上来说，社会对媒体服务功能的需求在放大，不仅需要媒体将城市的规则告知外来者，还需要媒体介入，敦促其遵守规则。但从媒体的实际传播来看，一部分市场化媒体虽然触摸到了外来工们与城市的冲突，也试图努力为外来工提供比以往更多的话语空间，但残酷的现实却是：外来工们还没有学会在公共领域进行表达。因此，在外来者的表达上，媒体基本是媒体立场，而非外来工立场。

因此，就媒介使用情况与社会整合关系而言，目前也处于断裂状态。一位来自湖北的女性（已婚）告诉我们："我觉得城市生活应该是多姿多彩的，看书、逛街是我喜欢做的事情，但是我感觉这边很缺乏这些东西。广东人业余时间喜欢喝喝茶打打牌，但这不是我想要的生活。我觉得这边工人的业余生活很不精彩，媒体也发挥不了该有的作用，无论是作为一种消遣还是作为信息的传播渠道，它对我们的业余生活帮助不大。"她的先生与她一样，都是外来者，在目睹了自己与本地居民不可跨越的壕沟（如本地人的一些福利，以及他们不需要为房子付出太多努力）时，她被迫接受了这种不平等："我觉得根本就不能适应这边的生活，特别是业余生活。"

以下深度访谈较好地呈现了外来者与城市之间的关系：

1. 你觉得你在这个城市是"陌生人"还是"新来者"？为什么？

回答陌生人（9人），回答新来者（11人）。

回答陌生人的主要原因：接触的人以外来人口为主，缺乏与当地人的交流，不仅因为语言的关系，还存在生活习惯、文化理念等方面的不同，导致与佛山本地文化格格不入。而回答新来者的理由则是：自身持"外来人"的身份，更希望能够对佛山有更多的了解，愿意主动去了解和接触本地人，一切过程都是适应和融入的必经阶段，另外一些回答者因已有家庭，所以已经摆脱陌生人的阶段。

2. 你觉得你与你生活的这座城市的关系是竞争、冲突、顺应,还是同化?或者是几个关系均存在?请尝试用自己的语言描述你与这座城市的关系。

回答关系融洽(3人);回答顺从,但不得不去适应者(8人);回答冲突和竞争者(9人)。

回答融洽者的主要原因:不否认初期有排斥和不适应,但已与本地人组建了自己的家庭,成功过渡不适应期。回答顺从者:鉴于外来的标签,必须去适应和顺从,但坚持保持自己的价值观,不会被同化。回答冲突和竞争者:3人坚称不会主动去适应,毕竟理念、思想、文化和语言都不同;其余6人都表示,会在佛山大城市中不断提升自身学历、技术,增强自身能力,在刚开始冲突的过程中,学会调试自己,逐步让佛山本地人认可自己的努力。

3. 你融入这座城市的方式是什么?(读书、经常与本地人交往、接触本地媒体、自己慢慢观察等,由调查员帮助被访者打开回答思路。)

所有回答者全部回答经常与本地人交往,无论是社区邻居,或是公司同事,参与社区活动,企业举办的运动会、联谊等社交类活动,喝早茶、晨练的都有,但没人选择接触本地媒体,认为帮助不大。

4. 你希望媒体能帮助你进入城市么?如果有可能,你希望媒体能在哪些方面帮到你?

回答不指望帮助(6人);需要帮助(14人)。

回答希望从媒体上获得有关外来人员如何生活得更好,获得更多与生活相关的信息(11人);希望通过媒体报道改变一些佛山本地人对外来人员不良的标签印象,还希望媒体能提供一些同乡人的信息(7人);希望关注一些在佛山的同乡人活动,产生情感共鸣创业故事、打工经验(6人);希望把自己的打工故事表达出来,给后来佛山的外来人员以启示(4人)。

5. 你对城市生活的认知是怎么样的？（器物层面与精神层面）你的这些认识是从哪里来的？媒体有起作用么？

回答佛山整体经济发达，国民生产总值是广东省前三，工作种类多，机会也多(20人)。但在这个问题上，部分被访者还表示：这个城市对外来人员存在偏见(5人)；对于外来人员的社交类活动偏少，下班和居住地两点一线(9人)。

对于佛山经济的认识来源于佛山本地媒体和网络及手机，确实对了解佛山大环境起到帮助作用(18人)；通过媒体了解到最新的佛山民生新闻和与打工者相关的信息，老年卡优惠、社保等实用信息，起到帮助作用(13人)；在手机和网络上看到一些佛山轶事，由于是网络，对信源存疑，不会去相信(2人)。综合而言，佛山本地媒体对打工者的报道篇幅较少，没有较多地感觉到媒体的巨大推动作用，更多的是通过人际传播上的口口相传得到对佛山的认知(12人)。在结束访问后，QQ为1285364＊＊＊的一名受访者还发来了一段补充文字："我是2010年来的佛山，这座城市让我有归属感，但是它有一点定位不明的感觉。它是一座有历史底蕴的城市，这是我喜欢它的地方，它的饮食文化也给我留下了很深的印象。现代化发展过程中，这座城市的产业结构也非常明显，区域性很强，但我觉得城市的发展面临着现代文化和传统文化的冲突。城市建设过程中也经常是拆了建，建了拆。这些大都是通过自己的观察和从媒体的报道中获知的。"

6. 在你进入城市的这些年里，你觉得自己有变化么？表现在哪些方面？这些变化与媒体有关么？

回答没变化(3人)；有变化(17人)。

回答有变化者主要表现在：技能上的提升、补充原先不足的工作经验(16人)，并认为来大城市打工就是要从技能上改变自己，才能有更好的工作和机会；变得开朗和自信，想要为自己充电提升(5人)，认为必须在工作中与他人接触,学会适应,对一些自己不太擅长的工作也从容不迫,变得更加自信、自强,知道要充实自己。回答在本地成家立业了(3人):与佛山本地人结婚。

认为自己有变化的被访者将这些变化归因(或部分)于媒体(3人):从媒体上获得培训信息,知道其他打工者的社交活动,主动改变自己,但这些被访者同时也表示,在看到那些给外来工贴标签的文章时还是比较反感。

认为自己有变化,但和媒体无关(4人):成家立业是必经过程,与媒体无多大关系;想要为自己充电,也是因为工作原因,和周边同事聊天所感,与媒体也无多大关系。

7. 你觉得在这座城市中生活的你应该怎么定位?你觉得自己"边缘"么?

回答将自己定位为外来的新佛山人(15人);将自己定位为纯粹的打工者(5人)。

而在问及是否被"边缘"时,回答为说不清有没有被边缘(4人)、边缘(13人)没有被边缘(3人)。

8. 如果你觉得自己边缘,为什么?

认为佛山本地人对外来人的标签印象明显(7人):就是在买菜或者其他活动中,感觉到一听到你是外地人就明显态度不同,或许是语言沟通障碍。在这7个人中,有1人因生育原因没有工作而感觉到自己被边缘:没工作的两年感觉只能待在家里,和社会脱节太多,但之后重新找到工作后就没有感觉到被边缘了。有1人表示说不清原因。

9. 为了摆脱边缘,你努力过么?比如说?

回答没有努力过(5人);不清楚,没想过要做过改变(6人);努力过(9人)。

被访者所认可的努力行为包括:和社区邻居多聊天,喝早茶,参加公司活动(联谊、封闭式训练营等,增进了解)。

10. 你觉得你的下一代会成为城里人么？为什么？

回答会(12人)：教育师资、社会保障都比老家条件好、就职岗位和机会多,总之城市总比老家的条件好；回答不会(2人)：家里老人不允许下一代留在佛山；回答说不清,没考虑过(6人)：作为父母不能约束下一代的成长,城市压力大,会根据各方因素,还有小孩自己的考虑,暂时还没有想过那么多。

11. 你觉得在你进入城市的过程中,媒体起到了推动作用么？如果有,表现在哪些方面？

回答没有主动去关注媒体,推动作用对自己感觉不明显(3人)；回答有作用(17人)：增加了对佛山的第一印象的了解(16人)、在选择佛山打工时看的网络招聘信息和政策信息如佛山人才网(17人)、在佛山生活中会主动关注一些法治新闻和外来人员娱乐活动比赛等新闻报道(6人)、会主动去了解媒体对佛山城市发展的报道和风土人情(3人)。在该问题上,一名受访者的表达还让访问者表示了高度认同："媒体几乎没有直接的引导作用。中国的经济发展过快,而社会其他方面都跟不上脚步,媒体也是一样。媒体在社会经济中很少发挥其真正的作用,对我们外来务工人员的关注也是非常表面的,有一点掩过扬功的感觉,就比如我们很多外来工面临的暂住证的问题,媒体就没有给予正面的关注。但是我认为,要想现有媒体有真正的改变还不太可能,我们仍渴望出现一些新锐的媒体,敢于说实话,渴望说实在话的、有性格的媒体来给我们带来一些正能量！"

而对于调研员来说,他们所触及的外来工城市融入也各有不同。

硕士研究生刘＊：这次调研活动最大的感触是女性外来务工人员比男性外来务工人员更适应务工环境(城市、语言等方面),这可能是由于性别差异造成的适应性差别。女性青年外来务工几乎都能在五六年内学会白话(粤语),能够看懂当地的电视节目,并且能用白话完成基本的日常交流。她们大多都能在佛山找到朋友/男朋友,或者已婚,可以说,是已经完全把佛山当作第二故乡。相反的是,接受调研的青年男性外来务工人员大多都表示没有融入当地生活,只是在佛山讨生活,将来仍会回到家乡发展。尽管已经在佛山生活多年,但是并不会说白话,看当地电视节目需要借助字幕,也没有在当地安家的打算。

本科三年级学生卜＊＊:媒体理应成为人们融入城市不可或缺的因素,但由于被访谈的人群对媒体的认识并不是很清晰,甚至觉得有点远离生活,所以很难评估媒体对他们城市融入的作用。但不可否认,他们在简单的表述中,都透露出对网络、电视、报纸等媒介的关注,他们从这些渠道去获取更多的信息,比如阅读新闻,有人通过电视和报纸养成了阅读新闻的习惯,也有人通过网络获取更新的新闻。而他们对媒体的期许在于提供更多、更可信的信息服务,比如:提供好的教育信息,让孩子得以在优越的环境下成长;提供可信的工作信息,让生活避免处处碰壁;提供社区活动和服务信息,以丰富业余生活;提供真实交友以及成功案例分析,让刚来的外来务工者能有所成长。

硕士研究生张＊:佛山外来工与东莞外来工有着非常鲜明的不同。在调研中,佛山的外来工大多会在一家企业工作相对较长的时间,在我的调查对象做问卷的时候,我问过他们已经来到佛山多久,答案是基本在一年以上。又问,在这里干了多久,极少数说几个月,其他人都已经在同一家企业工作了两年三年甚至更长的时间。而东莞的外来工流动性非常的强,通常是每年过年回家,回来之后就到各个厂去应聘,应聘上了就去工作,没有固定的工作单位。另外一个非常不同的方面是佛山的外来务工人员都会说或者是在学习粤语,虽然大部分人的粤语讲的并不标准,但是他们都乐于讲粤语,但东莞的外来务工人员基本都讲普通话,或者聚集在一起讲方言。东莞的外来务工人员更像是流水线上的机器,人情味没有佛山的外来务工人员那么重。

除了佛山与东莞的外来务工人员之间具有明显不同之外,在调研中还发现了一个问题,就是文化程度越高的务工人员,在休息时间更多的是将自己宅起来看书、上网;而文化程度相对较低的务工人员则会更注重与人的交往,在休息时间更多的会参与体育活动等集体活动,拓宽自己的交际圈。

第三节 面向外来工的媒介:提供可行的信息传播结构

与帕克所生活的那个社会不同,虽然这些外来者(大部分来自农村)远离了农业社会充分整合的人际模式,但他们却没有通过大众传媒这一非个人化中介手段来确认自己。这里有两方面的原因:(1)大众传媒的缺失;(2)社交网络的兴起。

在目前的社会管理制度下,每一个打工者都处于混沌的原子状态,他们显然也没有自我救助与沟通的组织,孤独感普遍存在于他们之中。而因为特殊的历史原因,中国的大众传媒发育并不完善——中国的媒介发展并不像欧美国家,完整经历了不自由到自由、政党报刊到商业媒体的演化,而是将他国200多年的媒介发展史融合于短短的30多年之间。这就直接导致了我国的媒体发育不良,当西方媒体顺应社会的发展积极探索移民报刊、公民新闻学、新新闻主义、社区新闻的时候,我国的媒体还在政党报刊、商业报刊之间徘徊,在某些特殊时期甚至沦为工具。20世纪80年代开始的改革开放给予了媒体巨大的商业机会,但当媒体随着这个机会崛起时,我们并没有来得及梳理在不同的历史阶段、不同的发展阶段,大众传媒应如何配合社会的变化,履行其"社会责任"。鲜少有学者会去梳理我们的媒介理论,媒介的发展也似乎与社会的起伏没有太多关系,至今,70年前陆定一《我们对于新闻学的基本观点》的思维还在影响着媒体。因此,在城市化不断前行的今天,大众传媒并没有系统地担当起帕克笔下"适应"与"同化"的工具这一职责。虽然芝加哥学派的代表人物杜威(John Dewey)、库利(Charles H. Cooley)和帕克(Robert E. Park)都深信,"大众传媒尤其是报纸在社会生活中所扮演的角色,是重建美国社会道德与政治舆论共识的代理人",但在中国的现实背景下,我们的媒体显然在重建社会道德与政治舆论共识上选择了集体无视。的确,在"体制与媒介经营范式"的主导下,我们的大众传媒把自己的受众定位为特殊的"商品",致力于向广告商推销自己的商品,自然,作为城市边缘群体的外来者,也就顺理成章地为大众传媒所抛弃——这种抛弃充满了社会达尔文主义的挑衅。至于这种抛弃的后果,媒体显然无须承担。然而,谁会为这种抛弃买单?在绝大多数城市管理者的"刻板成见"中,媒体与他们的社会管理并没有多大关系,他们更期望"媒体不要乱发表意见"①。

在《"潜伏富士康"报道出台始末》中,傅剑锋讲述了刘开明为他带来的启示。作为对中国产业工人有良好实证研究的学者,刘开明认为,像富士康这样的连续自杀,他一点也不感到惊奇,这是迟早会发生的事。他说,表面上看,不少自杀各有其因,但实际上还是与富士康深刻相关。微观方面,富士康的12小时工作制已经异化了工人的整个感觉系统。他们的生活单调到除了面对机器,就是睡觉。人际交往的时间、娱乐的时间都极有限,维系他们作为人的社会关系、情感维度都因此变得非常单薄与脆弱。他们常常需要靠极为有限的情感关系与社会关系才能抵抗机器异化,暂时获得人生快乐。一旦情感、家庭等社会关系受挫,他们的生存意志就极易崩溃。宏观方面,这个新生代打工群体,没有独立的工会维护他

---

① 在佛山的调研中,研究者发现,被访问的上下官员对媒体的态度有所转变,与几年前希望媒体能宣传自己功绩不同,他们现在更希望媒体不去关注自己和自己所管理的城市。

们的权利,也没有其他像样的自发组织,人与人被权力与资本分割成一个个孤独的原子,长期被超经济剥削,工资低,只能勉强养活自己。户籍制度、高房价把他们挡在了城市化之外。但他们又由于是失去了土地或不会种地的民工二代,以后回不去农村,所以他们前无进路,后无退路……所以,这个群体有着强烈的孤独感、无助感、焦虑感和被机器压榨后的脆弱感。而富士康又组建了世界工业史上都没有过的巨大的工业园区与居住区,人长期处于这种环境和气场中,出现自杀和自杀的传染都是可以想象的。①

当然,富士康是一个极端机器,让一个个外来工完全"原子化",从而产生了巨大的"孤独"感。但事实上,在我们的调研中,除了极少数与当地居民通婚,完成了彻底融合的几个个案之外,外来工的这种"孤独感"无处不在。而更无助的是,之于这些个体,他们也无法理解这种孤独感源自何处:"我觉得现在应该比在老家生活得要好,但我还是觉得不开心。"种种社会矛盾显示,当下的城市化进程与城市管理并不匹配,这里当然有城市化进程过快的原因,但也直接与城市管理者的观念相关。中国的城市管理中尚未有新闻、传播理念的切入,他们没有意识到政府的信息传播以及政府与民众的沟通需要一个更专业、更"公共领域"的空间,即由大众传媒扮演黏合民众与民众、民众与城市、民众与社会、民众与国家关系的角色,而媒介似乎也尚未考虑这一出路。陈力丹认为,将延安时期的新闻理念和方法扩展至 1949 年之后,并指导全社会的新闻工作,其结果可能是灾难性的。② 事实上,在不同的历史时期,不同性质、不同级别的媒体所扮演的角色必须随社会的变化而变化。

在迈克尔·舒德森的《发掘新闻:美国报业的社会史》一书中,作者以

---

① 傅剑锋:《"潜伏富士康"报道出台始末》,见 http://blog.sina.com.cn/s/blog_477654540100mkx2.html。
② 陈力丹:《新启蒙与陆定一的〈我们对于新闻学的基本观点〉》,《现代传播》,2004 年第 1 期。

社会学为背景,将客观性当作一种文化现象加以考察,对新闻专业性和媒介机构进行了研究。当报业作为一种介质并融入了整个社会体系,不同历史时期的美国新闻理念陆续呈现在读者面前,我们清晰地看到,在不同的历史时期,媒体角色、新闻理念因社会的变动而变动。① 人类社会从农业社会进入工业社会,现代新闻业应社会民主变革中各个阶层(特别是中产阶级)对于新闻与信息的需要而诞生,这也提示我们,在中国的城市化进程中,城市管理者也要与时俱进,正视新生代外来者与城市的各种断裂所带来的社会问题,认识到媒介在社会认同中的作用并尝试推进媒介的这一功能。

在麦可·布洛维的《公共社会学》中,我们也看到了这一诉求。布洛维强调,社会学要回到社会之中,与公众展开沟通性的对话,同时以公民社会的存在和维系为己任。② 对于当下的媒介而言,也必须回到社会转型的现实中来,帮助新生代外来者与城市展开对话,完成他们对城市的融入。

与第一代外来者的原子状相比,今天的媒介新技术改变了以往的社会关系模式,社交网络的兴起为外来者群体提供了类似"充分整合的人际模式",也就是将这些被"脱域"的原子凝聚为一个集体——这个"集体"将个人处于一个个社会关系网络中,起到分散、缓解压力的作用。带着"进城就业、融入城市"的梦想,但他们的这一需求未能在传统媒介那里获得满足,因此,新生代外来者毫不犹豫地选择了这种社交网络——这是绝大多数第一代外来者不会选择的社交模式,建立了自己虚拟的城市圈子。这也就可以解释,今天的劳动力市场上那些外来者为何会提出"工厂附近有网吧么""一个月休几天""宿舍有 WiFi 吗"这样的问题。技术的发展把

---

① 参见〔美〕迈克尔·舒德森等著,陈昌凤、常江译:《发掘新闻:美国报业的社会史》,北京大学出版社 2009 年版,第 37 页。
② 〔美〕麦可·布洛维:《公共社会学》,《社会》,2007 年第 1 期。

这些原本呈原子状的打工者们联系到了一起。在调研中,一位县城出生,认为自己是城里人的大专生这样说:"媒体在一定程度上有助于我融入城市,主要是网络,它会介绍一些美食、影片的资讯,可以丰富我的业余生活。其他的,就没有了。"但之于那些低层次的打工者,手机和网吧似乎已成了他们全部的信息来源,以及对自我进行认知的渠道。

研究发现,受教育程度较高的外来者们,往往可以相对从容地确认自己在整个社会关系网中的位置,而受教育程度较低者则需要从自己的社会关系网络中去求证自己的社会关系。当无法从大众传媒中获得自身的社会关系时,作为有固定工作、较好收入的受教育程度较高者,他们更多的是掌握了一套放之四海而皆准的生活、工作模式,随时准备走向下一个城市,他们学习粤语的意愿最低,追求一份标准化的城市生活(比如星巴克、肯德基)。由于大众媒介在他们融入城市进程中的缺失,他们对自己居住的城市没有忠诚感,这也会冲击他们对自己所居住的城市的认同。而对于学历在大专以下的打工群体中的大多数人而言,他们对自身社会关系的确认无法从工作中获得,也无法像前者那样,从书籍、聚会、旅游这样的沟通活动中获知——当然,也无法通过大众媒介获得。由此,他们选择了"漠视",转入社交网络。

社交网络更注重个体社会关系的延伸,这种延伸注重对个人关系的数据挖掘,也有助于外来者"孤独"的时候避免孤立,帮助他们建构起自身的社会关系,但是,这种社会关系是虚拟的人际关系,这点在调研过程中不断呈现,他们对网络的不信任也由此而来;对于外来者的城市化而言,这种社会关系的建构也是一种缺失,无助于其城市化。应该说,大众传媒已融入现代人的生活,而这种融入伴随着现代社会中人与人之间关系的淡漠、家庭的缩小、学校的专业化而愈发凸显其重要——客观的新闻报道、专业的新闻评论能帮助我们获知对社会进行理性判断的正确信息——但这恰恰是社交网络无法提供的。因此,从这个意义上来说,社交网络只能帮助这些新生代外来者虚构自己的社会关系,提供一种类似鸦片式的虚拟环境,而无助于他们对这个社会进行理性判断。无助于社会认同与融合,社交网络也无力帮助新生代外来者完成"进城就业、融入城市"之梦,因此,我们必须把视野重新回归大众传媒。较之社交网络的自媒体,传统媒体的从业者无疑要更专业,也更能系统地帮助外来者进入城市、适应城市。"传播一方面带来文化特点的散播,扩大了文化领域,另一方面倾向于使共同理解的新观点产生,将不同的文化影响带到传播的中心。传播的社会功能看起来即是在个人与社会之间造成和维持理解与文化团结。"[1]另外,"传播的表现要义是在社会转型当中寻求新的调解形式,重新定义政治与经济、国家与社会、个人与社会共同体的关系,多元化的利益主体和多元化的信息需求是对应的。调解的本性是在社会化的过程中把既定社会的公共空间加以结构,建立一个传播体制意味着在传播活动的参与者之间培育一种相互理解的主体间性。"[2]在城市外来者与城市日益突出的矛盾中,我们必须坚持为他们提供一套可行的信息传播结构和完整的内容,一方面淡化他们因新环境的陌生而带来的对以往生活经验的依恋,另一方面也为他们提供一套可参考的城市生活模板,并在这个过程中,通过媒体让他们保持与不同阶层人群之间的联系,确认自己的社会关系,减少生活无序的焦虑,最终将可能会出现的各种因社交所带来的问题与矛盾控制在一定范围。

而一个意外的结果是,对于没有做好准备,在与新媒体的争夺中丢失了传统阵地的传统媒体而言,从公共社会学的视角出发,为新生代外来者准备融入城市的媒介内容有助于其生命力的延续。对于美国报业而言,社会转型期"新闻业的问题之一就是将移民及其后代变成当地报纸读者

---

[1] Park, Robert. E. (1938), "Reflections on Communication and Culture", *The American Journal of Sociology*, Vol. 44, No. 2, pp. 187-205.
[2] 陈卫星:《传播的观念》,人民出版社2004年版,第359页。

的一员","赫斯特的成功即有报纸对移民读者的不断吸引,其报纸每六年即可有一批新的订阅人群,他们明显主要来自移民群体"。① 这样的机会是否能为今天的传统媒体所把握?当然,由于新生代外来者的经济地位还相对较低,从经济收益的层面来说,传统媒体将其纳入视野还需要有足够的勇气与智慧,但从公众利益的层面而言,这的确是一个绝佳的机会。当然,如果城市管理者对传播有足够的认识,并致力于通过传播来推进社会认同与融合②,那么,传统媒介也许会因城市化的有序化推进而涅槃。

---

① Park, Robert. E. (1923), "The Natural History of the Newspaper", *The American Journal of Sociology*, Vol. 29, No. 3, pp. 273-289.
② 比如为新生代外来者提供免费报刊等。

第三章 / 农民工城市融入：从话语权到组织化

失去右手臂的陈永刚来了、拄着单拐的陈玉英来了……他们作为农民工代表,从全国各地赶来北京参加日前由国家安全生产监督管理局等部门主办的"全国农民工职业安全与健康权益研讨会"。只有真正了解这个群体才能真正实现依法维权,然而,令人尴尬的是,当 20 多名农民工代表开始发言的时候,官员、专家却走了一大半。

——摘自董伟:《农民工维权:"我们坐在这里就是一种表达"》,《中国青年报》,2004-07-14

》第一节 农民工话语权的提出及实践

农民工话语权首先在农民工云集的广东媒体上被提了出来。

据报载,《劳动合同法》草案于 3 月 20 日向社会全文公布征求意见后,受到农民工群体的广泛关注。山东临淄农民工王立涛在来信中提出:"要让企业懂得为工人买保险是必须的,就像交税一样;懂得签订劳动合同是必须的,就像办执照一样"等 6 条意见,说得多么形象、中肯。在一家国有企业工作的 300 多名农民工集体签名提出建议:希望劳动合同法明确规定"同工同酬"。

农民工由过去逆来顺受的"沉默一族"开始勇敢地站出来说话,关注自身权益,积极建言献策,这是令人欣喜的进步。虽然他们的声音目前还很微弱,但积水成渊,积羽沉舟,庞大的1.4亿农民工终究将成为社会博弈的一支重要力量。

买保险、签合同、同工同酬,农民工的这些要求完全合情合理。据了解,我国农民工主要分布在第一和第二产业,尤以矿山和建筑业居多,这些都是高危和高劳动强度的行业,既然农民工已经是产业工人的一部分,企业为他们提供合理的报酬和劳动保护完全应当。男女同工同酬早已写进了《劳动法》,至今在农民工身上得不到兑现,这反映出用人单位对法律的漠视。

农民工已经站出来说话了,那么社会各方该如何回应?全国人大常委会办公厅新闻发言人阚珂明确表示,"制定劳动合同法时,有关部门会高度重视并积极吸纳农民工提出的各种意见和建议。"法律保护农民工的话语权和切身利益是防止侵权的重要屏障,但我以为这还不够,重视、保护和提升农民工的话语权是全方位的,是全社会的责任,需要社会各界不懈努力。

很显然,农民工的话语权目前非常弱小,如果社会不加以重视和保护,就有可能被淹没、扼杀、窒息,因此需要大力鼓励、支持农民工说话及提出正当的利益要求。只有当社会各阶层都能平等地坐在一起协商各方利益,协调解决问题,社会才会变得和谐、稳定。(《重视农民工的话语权》,《广州日报》,2006-04-13)

"农民工"一词最早由社会学家张雨林教授于1983年提出,随后,这一称谓被广泛使用。2004年,在《当代中国社会流动》一书中,陆学艺将"农民工"定义为"拥有农业户口、被人雇用去从事非农活动的农村人口。"[1]从现有文献来看,农民工的话语权问题是在积累了将近20年

---

[1] 陆学艺:《当代中国社会流动》,社会科学文献出版社2004年版,第306-307页。

之后,对诸多问题的集中爆发,并迅速蔓延至全国。2007年,时任北京市市长的王岐山在参加北京市政协的座谈会时,就针对农民工群体做了以下表述:"北京有几百万农民工,他们抛家离子,在这里干活,雪里来,雨里去……大城市很繁华,农民工却不能很快融入其中,他们参与不到社会中来。我们要善待他们,我们离不开他们。"(《京华时报》,2007-01-28)

王岐山对农民工话语权的表述带出了媒体对农民工话语权的关注。随后,此类"善待农民工"的话语在多年内的多家媒体、多个场合进行了反复表达,并炮制出了多篇令人潸然泪下的评论员文章。然而,对于农民工群体而言,再动情、感人的表达也无助于他们在城市里的孤独和无力感。更何况,近10年来,媒体上一遍遍所重复的农民工话语权也没有真正帮助到农民工获得话语权。

其实,我们只要简单回忆一下,类似这样的话语,这些年已经太多太多。特别是经常出现在每年的地方与全国"两会"上。"两会"是代表委员参政议政的场所,在"两会"上把有关农民工的问题推上台面,其意义不难想象。但令人遗憾的是,一直以来,我们看到的是,有关农民工问题,总是要由这些非农民工代表来提出,而农民工却没有相应的话语权,这样的现实,其实本身就让解决农民工问题处于某种不利境况。

农民工问题谁更清楚?显然,只能是农民工自己。以善待农民工为例,农民工能否感受到关怀,冷暖自知。农民工需要哪些待遇、文化与权利,他们自己最有发言权。然而,不论在平时的言论平台上,还是"两会"议席上,我们却鲜见农民工们的身影。

正因如此,北京市市长王岐山在政协会议上提出"善待农民工",而我更希望,"善待农民工"这样的话语,由农民工自己提出来,并让他们告诉我们,他们到底需要什么,社会到底应该如何去善待他们。我不知道,北京的政协委员中有没有农民工代表,但是,我知道的是,现在有许多地方政协委员,已经开始吸纳外来务工人员了。比如,前些天有报道说,最近广东东莞就首次吸纳外来员工为政协委员,赋予农民工更多的话语权。

其实,代表委员本身又来自社会各个不同领域,而基于对相关领域的理解与认知,加之"相关利益人"身份,政协委员自然很容易成为各自领域的代言人。在这样的背景下,要想形成一个平等的意见博弈的平台,"两会"的组织构成必须最大限度地来自社会不同的群体、最大限度地代表社会各个领域的公众利益。

农民工缺少话语权,很少能拥有参政议政的机会。这恰恰就是外来工合法权益长期受忽视的一个重要原因。当与农民工切身利益关联的问题不能由农民工自己提出时,这本身就容易出现某种偏差,既会使相关政策的出台产生偏差,也会消解问题的重要性与紧迫性。而且,当农民工的话语权长期被剥夺,他们的声音只能成为社会的"隐藏文本",而这又进一步加剧了他们的边缘状态。

赋予外来工话语权,不仅仅是对外来工作为城市主体一部分的身份认同,同时,这也是对他们平等参政权利的一种支持与保护。外来工问题,说到底就是社会公平问题。解决它的关键,是实现权利的公平。(《善待农民工必须先给他们话语权》,《中国青年报》,2007-01-30)

八年后,农民工的话语权并没有因媒体和评论界的反复呼吁而降临,但媒体不断重复的农民工话语权却在不断成长,并在这些年的问题累积中生成了一些新内容,即话语权如何落地。

近日,国家发改委印发《国家新型城镇化综合试点方案》(下称

《方案》),广东省的广州、东莞、惠州和深圳市光明新区列入试点范围。广州试点的一个重要内容是,在2020年前让150万外来工市民化,享受和广州市民一样的公共服务,这需要1 490.7亿元财政成本。

1 490.7亿元对广州来说是什么概念?去年一年,广州的一般公共预算收入也就是1 200多亿元,如果全部由市财政负担这笔钱,相当于广州每年(2015—2020)要拿出两成左右可支配的财政收入来进行这项改革。这对于负债较多的广州来说,难度极大。公共服务包括廉租房、养老保险以及教育等诸多方面,已经成家立业有孩子的外来工最为关心的是教育问题。我们就来解剖一下教育这只"麻雀"。

外来工长期以来面对的子女教育问题除了学位匮乏之外,近年来,还开始出现对优质学位的需求和公共资源分配欠公平之间的矛盾。这当然是社会进步的一个现象,说明外来工的经济状况有所改观,他们对于所服务的城市有更高的要求。然而,因为政府长期对教育投入不足,对于外来工的需求难以满足。

怎么办?有人认为积分制可能会成为主流,即不但会继续实施积分制入户,还会强化积分制入学。积分制确实解决了表面上的公平问题,但是没有解决一个核心问题:政府到底能投入多少?是否有可能大幅度增加投入?

按照现有《方案》,对于中央财政是否拨款没有写明。省、市财政在《方案》中是这样分配的:探索建立与常住人口规模相挂钩、事权和支出责任相匹配的市民化财政成本分担机制;省级政府重点补助省内跨市迁移的外来务工人员市民化基本公共服务财政成本;地方政府承担跨省、省内跨市迁移的外来务工人员基本公共服务财政成本的大部分,承担其在城市生活所产生的市政设施建设和维护、其他公共服务和管理等成本。

这样的表述,对于地方政府几乎没有约束力,地方政府当然是能拖就拖,能少投入就少投入,反正完成不了也不会有任何问责,不会危及仕途升迁。广州是广东所谓的教育领头羊,教育强市,但是在这样的城市,户籍市民要想让自家的孩子上一所中上水平的公立幼儿园,要么半夜去排队,要么有相当过硬的关系。至于外来工的孩子要想上公立幼儿园,更是难上加难。

广州市这些年确实在教育方面的投入有所加大,不过因为欠账太多,目前虽有效果,但效果与预期相距甚远。在此局面下,希望负债前行的广州拿出更多钱来投入教育,必须要有刚性约束机制。

如何建立这样的刚性约束机制?我认为可以总结为三个关键词:调研报告、代表代言、透明验收。

地方政府如何在自己的责权范围内做好自己应做的事情,尤为值得关注。措施和政策在推出之前,要有详细扎实的调研报告,数据、案例以及解决办法一个不能少,相关人员再也不能坐在办公室拍脑袋想政策了,一定要充分听取外来工的意见,不但教育领域如此,其他领域也是一样。

代表代言是重中之重。涉及外来工的切身利益,拜托有关部门一定要让真正关心外来工疾苦的代表在人大会场有一席之地。2011年,广州才有了外来工人大代表,这些年他们为广州的外来工做了哪些事情?争得了哪些利益?抱歉,我真的想不起来。让真正关心农民工权益的人走上代表席,是考验政府是否有信心落实《方案》的关键。让外来工代表发言,让他们发挥监督作用,天塌不下来。

至于透明验收,当然是指以年度或者某一个周期为单位,对政府的工作绩效予以考核。这样的考核再也不应该是政府的自说自话,也不该是人大会场的照本宣科,而是公众、媒体以及代表委员、政府机构的合力梳理,找问题,追责任,让每一分钱的投入都能发挥效力。

让外来工融入城市是一个大命题,方向已定,就应监督跟进,这样才能让"大礼包"不至于变成"放空炮"。所谓的"城镇化",本来就不该撇开外来工单兵突进,历史等到了这一次机遇,那就抓紧时间"还债"。(《外来工市民化少不了代表话语权》,证券时报网,2015-02-13)

媒体的关注之外,中国农民工的话语权问题也早已引起各学科学者的注意。2006年至今,农民工话语权及涉及城市融入的农民工话语权问题从未寂寞过。当然,最初,农民工话语权的提出仅仅是因为围绕农民工这个特殊的社会群体所形成的诸多问题:在构建和谐社会过程中,如何从根本上解决农民工的权益保护问题已成为社会关注的热点。农民工在劳动就业、社会保障、工资待遇等方面的权益与城市人存在差异,民主权、话语权与发展权难以实现。保障农民工权益的关键是落实劳动法,建立负责任的政府,消除体制障碍,提高农民工的积极参与意识和监督意识。① 随后,在2008年,有关农民工话语权缺失的原因分析开始出现:"究竟是什么原因使得对中国经济发展与城市进步均作出重大贡献的农民工成为话语权缺失的群体呢?(1)缺乏组织意识;(2)缺乏参与自信;(3)制度制约;(4)整体素质偏低;(5)信息渠道闭塞;(6)弱势文化载体的惯性作用。"②

也就是这一时期,新闻传播学界开始关注媒体所建构的农民工形象问题。"大众传媒中弱势群体利益表达现状——以重庆传媒农民工报道的内容分析为例""媒体报道中农民工遭到歧视的表现、成因及对策""媒介对农民工话语表述分析""女性农民工媒介形象的偏差塑造现象研究"等研究成果陆续出现。这些研究大多从传播的角度出发,批评了各大媒

---

① 李连根:《构建和谐社会过程中农民工权益保障问题研究》,《河北农业大学学报(农林教育版)》,2006年第2期。
② 佘云霞、刘晴:《农民工话语权缺失的原因分析》,《唯实》,2008年第10期。

体在农民工形象、农民工报道上的偏差,但农民工最关心的如何融入城市问题却基本失语。在这部分的研究中,研究者们共同强调了"作为弱势群体"的农民工。此类研究主要从人权的角度出发,强调权利的"平等"。一般延续发展传播学的研究路径,正如这个领域的代表性研究者卜卫所言:"发展传播学主要是关注一个社会中最没有权利最少资源的人群如何利用传播改善社会变革,我们也知道这样一个领域的研究是建立在发展项目实践的基础之上。"①

在上面这些关于农民工的"再现"研究中,再现不是一个客观反映的过程。李艳红采用叙事分析的方法考察广州市四家日报对农民工的再现,发现我国城市报纸采用了高度类型化的叙事,频繁再现"受难形象"和"负面行为"形象。这一方面有利于农民工的主体体验表达,获得社会理解和认同;另一方面也抑制了农民工的主体经验表达和文化承认。同时,量化分析城市报纸在为农民工提供公共表达空间方面有一定量的稳定性,又有质的不足。② 黄典林则通过话语分析的方式,分析了近 30 年《人民日报》有关农民工议题的新闻。他发现随着时间的变迁,农民工群体在官方话语中的命名和再现方式由消极被动和具有威胁性的负面框架逐渐转变为相对正面的"新工人阶级"框架。但这些话语的内在矛盾将农民工群体置于一种悖论的生命政治处境之中:一方面,关于农民的负面文化认知和城乡间制度化的社会经济差距,被整合进发展主义的"素质"话语,从而将农民工系统地定义为贬值的对象;另一方面,当农民工作为去个体化的数量巨大的劳动力群体出现时,他们在整体上又被看作具有极高的经

---

① 卜卫:《重构适合中国社会发展的理论研究》,见 http://media.people.com.cn/n/2013/1030/c40606-23379037.html,2014-06-09。
② 李艳红:《一个"差异人群"的群体素描与社会身份建构:当代城市报纸对"农民工"新闻报道的叙事分析》,《新闻与传播研究》,2006 年第 2 期。李艳红:《新闻报道常规与弱势社群的公共表达——广州城市报纸(2000—2002)对"农民工"报道的量化分析》,《中山大学学报(社会科学版)》,2007 年第 2 期。

济价值,成为国家发展主义逻辑中的工具性价值源泉。① 此外,有关"弱者"农民工的研究大多为基于社会运动理论、行动理论的农民工增权、赋权,有着强烈的实践性取向。赋权是一个互动的社会过程,离不开信息的沟通与人际交流,目前的研究热点则主要集中在新媒体与赋权相关的研究话题上,并与抗争政治相结合,与之相关的是对农民工媒介素养的考察。

彼时,通过大众传媒的救助,帮助农民工融入城市的研究也开始出现:"新生代农民工的城市融入,是事关转型期中国城市化成败的核心问题之一。单纯依靠政府机构、社会组织和政策法规,仅能推动表层的社会融入;而要实现深层理念意识层面的社会融入,则离不开符号生产者和传播者——大众传媒发挥的社会整合功能。大众传媒的符号生产机制与新生代农民工融入城市必需的符号资本之间存在紧密联系:新生代农民工符号资本的赤贫是其城市融入过程中遇到的重大'符号障碍';大众传媒作为当代社会最重要的符号生产者,有必要通过提供信息平台、正名和扩大话语权等具体的符号救济途径,帮助新生代农民工提升符号资本,消除'符号障碍',进而促进其融入城市社会。"②

第二节 农民工的组织化走向:内卷化

然而,农民工所面对的,仅仅是话语权问题? 在当下中国,即便被赋

---

① 黄典林:《从"盲流"到"新工人阶级"——近三十年〈人民日报〉新闻话语对农民工群体的意识形态重构》,《现代传播》,2013 年第 9 期。
② 袁靖华:《大众传媒的符号救济与新生代农民工的城市融入——基于符号资本的视角》,《新闻与传播研究》,2011 年第 1 期。

予了话语权,农民工又会被嵌入什么样的社会关系?有了话语权就有助于城市融入?事实上,学术界关于城市融入本身就存在着复杂多样的表述,较为常见的有"社会融合""城市融合""城市融入""城市适应""市民化"等。从中国官方的表述来看,因为"四个现代化"的既定方针,在现代化理论的脉络上,城市、农村、市民、农民,是一组二元对立的概念。

而作为一种学术语言,"城市融合"①更能显示城乡之间、市民与农民工影响的相互性。而"城市融合"从理论来源讲,主要源于社会融合理论。自20世纪90年代以来,"社会融合"已逐步取代"平等"概念,成为社会政策实践和研究的核心概念之一。"社会融合理论可以划分为一个基础和三个层次。一个基础,即社会融合的基础理论,包括脆弱群体理论、社会分化理论、社会距离理论和社会排斥理论。三个层次,即社会融合的宏观、中观和微观理论:一是社会融合的宏大叙事,这部分起源于涂尔干的社会团结理论和马克思的社会共产思想,后被帕森斯、洛克伍德、哈贝马斯和吉登斯演化为社会整合理论;二是社会融合的族群模式,这是社会融合概念较早使用的领域,主要用来研究外来群体与流入地当地居民之间的社会关系,包括克雷夫科尔的熔炉论、帕克的族群关系循环论和戈登的同化过程理论以及多元化模式;三是社会融合的心理建构,主要从微观个体的心理层面研究社会融入和社会接纳,包括社会认同理论、自我认同理论和社会接纳理论。"②也有人把农民工社会融入研究归纳为现代性、社会化、社会整合、社会分层与社会流动、社会网络五种理论视角。③

然而,近年来,随着研究视角的拓展及大量田野调查的铺开,学者们研究农民工城市融入的视角随社会变化而出现了一些很有意思的变化,就是"组织化"在农民工研究中的出现。从现有的文献来看,中国农民工

---

① 韩俊强、孟颖颖:《农民工城市融合:概念厘定与理论阐释》,《江西社会科学》,2013年第8期。
② 黄匡时、嘎日达:《社会融合理论研究综述》,《新视野》,2010年第6期。
③ 胡杰成:《农民工城市融入问题研究综述》,《兰州学刊》,2008年第12期。

"组织化"研究时间非常短,集中出现于 2006 年之后。最初的研究着眼于"组织化"的理论探讨,主要探讨点集中在以组织化这种形式来维护农民工群体权益的同时,通过组织化这种形式来加强社会调控,减少社会冲突,缓解社会矛盾,而非以"组织化"来促进农民工的社会融入;2008 年之后,由于大量企业出现"用工荒"问题,以"组织化"解决农民工权利、政治参与等问题逐渐被提上日程,但其目的依然是农民工为城市服务;2010 年左右,农民工的社会融入研究显现,随后,农民工的相关政策大量出台,农民工"社区化"[①]被提出;2011 年中,农民工的"组织化"抗争问题浮出水面,媒体上出现了大量此类报道;2012 年,农民工的组织化研究中突出了其利益表达功能,"囿于现行国家相关政策和体制的制约,维权 NGO 无法实现农民工利益表达的组织化,难以提升农民工利益表达渠道的效率,不能引起农民工利益表达制度的普遍性变革"[②],应该说,从这一年开始,农民工研究的立场开始向农民工本位倾斜;2013 年起,虽然关于农民工的研究依然沿袭着旧的生存论预设下的"生存—经济"认知模式,但新的公民权视野下的"身份—政治"认知模式开始出现,如高传智在增权(或译"赋权")理论视角下,对新生代农民工的自媒体传播行为和效果进行了研究,提出新生代农民工怎样运用自媒体增(赋)权,涉及农民工利用新媒体的组织化[③],也就是这一年,珠三角、长三角、京津地区的农民工非政府组织崭露头角,新生代农民工在一些社会机构的帮助下建立了自己的组织,并通过 QQ 群和微信群传播,表达自己的利益诉求;2014 年之后,一些农

[①] 从现有文献来看,我们认为这种"社区化"的提出接近于"组织化",社区可以通过均等化服务、利益关注和倾斜以及组织化参与等方式,推动新生代农民工融入城市社区。具体可参见刘建娥:《乡—城移民社会融入的实践策略研究 社区融入的视角》,《社会》,2010 年第 1 期。
[②] 罗天莹、连静燕:《农民工利益表达中 NGO 的作用机制及局限性——基于赋权理论和"珠三角"的考察》,《湖南农业大学学报(社会科学版)》,2012 年第 4 期。
[③] 高传智:《增权理论视角下的新生代农民工自媒体传播研究探讨》,《中国劳动关系学院学报》,2013 年第 6 期。

民工组织化的案例开始出现于该主题的各种研究中①,利用网络传播对其进行"赋权"已成为基本认知。

2015年8月,《在制度化与激进化之间:中国新生代农民工的组织化趋势》一文指出:组织化是新生代农民工群体正在出现的一个重要趋势。首先,我们需要承认新生代农民工的组织化趋势是一个不可回避的问题。研究表明,通过不同方式、借助不同资源组织起来,既是新生代农民工表达和实现利益诉求的必然路径,也是他们寻求社会支持、融入城市的重要渠道。其次,新生代农民工的组织化,是多元主体参与社会治理的具体体现,有助于化解劳资矛盾,实现社会稳定和新型城镇化,应该得到尊重。企业工会和集体谈判制度的确立,不仅是工人作为利益主体参与社会治理的主要路径,也有助于畅通工人诉求表达渠道,化解潜在的劳资冲突,为企业的生产管理工作营造良好的氛围。最后,这也是农民工合理分享企业发展成果,推动国家实现新型城镇化的重要制度保证。②

而早在2012年初,张春华就已在《组织化:农民工"虚城市化"到市民化的理性路径》一文中指出,农民工市民化是保持社会稳定的重要环节,加快现代化建设的客观需要,维护其合法权益的重要保证和实现城乡一体化的必然要求。在我国具体国情和制度背景下,农民工群体中呈现出"虚城市化"这一暂时现象,为消除这种现象,尽快完成农民工向市民化的转变,应该大力提升农民工组织化建设,它不仅能促进诉求机制的发展,塑造良好的制度环境,还能产生聚合效应。农民工市民化的组织化路径

---

① 如胡宝华:《组织建设与新生代农民工城市融入研究》,《广西民族大学学报(哲学社会科学版)》,2014年第2期;王飞:《社会组织促进农民工市民化路径探析》,《行政与法》,2015年第1期;李文祥:《本土性与专业性社会工作的整合与重塑——基于农民工城镇融入实践的研究》,《社会科学辑刊》,2015年第2期;尹丁:《促进农民工组织化进程探析——从工会改革视角出发》,《新西部(理论版)》,2015年第1期。
② 汪建华、郑广怀、孟泉、沈原:《在制度化与激进化之间:中国新生代农民工的组织化趋势》,《二十一世纪》,2015年第8期。

是在确立制度原则的同时,完善制度支持和组织载体建设。由于"在我国城市化进程中,农民工由于缺乏户籍制度以及依附其上的相关制度的接纳,导致其不能改变农民身份,难以形成城市认同感和归属感,而成为游离于城市之外特殊群体的状况",因此,"虚城市化"现象出现,具体表现为:一系列制度性障碍导致农民工在就业、社会保障、子女教育等方面不能和市民同日而语;孤立无援、缺乏互动、传统价值观被冲击使得他们对城市没有认同感和归属感可言;农民工虽然人在城市,却是城市社会中的"边缘人"。①

的确,在农民工的"结构化"城市融入过程中,组织化程度的低下直接限制了其话语权的表达。我们很容易理解,散落于城市各个角度的农民工们无论是在面对市场(企业)时还是在面对国家代理人(政府)时,都非常脆弱,更毋论作为一项专业技能,话语表达尚未被农民工群体所掌握。由于当前城市的发展尚不能解决如此庞大数量的群体的户籍、教育、医疗、社保等问题②,一些城市及企业的管理者会在实际的农民工管理中下意识地对这一群体进行瓦解,或者说,避免其"组织化",如"企业通过各种制度和举措,如临时性的宿舍居住安排、大量使用劳务派遣工、分离工人原有的社会关系等,有意将工人的工作生活置于不稳定的境地,限制工人的社会交往和集体团结,造就了工人的原子化状态"③。肖云、邓睿认为,由于新生代农民工的城市融入遭到了"内卷化"的限制,即身处社区却难以突破同质群体的交往活动范围,只能在群体

---

① 张春华:《组织化:农民工"虚城市化"到市民化的理性路径》,《学术论坛》,2012年第1期。
② 中国科学院早先估计,一个农民工变身市民需要的"公共支付成本"约为1.5万元;据住建部调研组测算,每新增一个城市人口需要增加的市政公用设施配套费(不含运行和管理成本),小城市为2万元,中等城市为3万元,大城市为6万元,特大城市为10万元;中国发展研究基金会公布的农民工市民化的平均成本在10万元左右;广州市社科院发布的报告则显示,一个农民工若要成为广州市民,不包括买房等成本,仅满足最低消费,一生中需要承担130万元。
③ 汪建华、郑广怀、孟泉、沈原:《在制度化与激进化之间:中国新生代农民工的组织化趋势》,《二十一世纪》,2015年第8期。

内部寻找社会资本和发展空间而"越卷越紧",未达到实质意义上的融合效果,形成了社区融入过程中的"内卷化"。① 但我们不难看出,所谓"内卷化"(involution)的限制,其本质是当农民工在城市中遭遇制度性社会排斥、"去组织化"后作出的一种"组织化"反击。问题在于对当下社会来说,这种"组织化"之后的反击会带来什么?

"内卷化",又译"过密化",是20世纪90年代以来在中国社会科学领域使用频率极高、影响范围较为广泛的概念,其原意是"边缘向内卷曲的、复杂的、纷繁的"。这一理论最早由美国人类学家戈登威泽提出,他用"内卷化"来描绘一种内部不断精细化的文化现象,即当一种文化模式达到了某种最终的形态以后,它既没有办法稳定下来,也没有办法使自身转变到新的形态,而是不断地在内部变得更加复杂化。

20世纪50年代,旧有的殖民体系土崩瓦解,新的民族国家纷纷诞生。担心共产主义扩张的美国不仅要想方设法阻止莫斯科的革命输出,还要了解哪些可能成为革命对象的亚非拉新国家的文化与社会状况。为此,美国的行政机构和大学、科研机构组织了很多社会科学领域的专家和学生前往世界各地做研究。麻省理工学院国际研究中心组织了两个对印度尼西亚的考察和研究项目,克利福德·格尔茨(Clifford Geertz)是弗弗斯·亨登(Fufus Hendon)领导的项目成员之一。通过实地考察,格尔茨发现,在爪哇岛和外岛之间存在着二元发展,外岛的一些地区借助于技术进步,生产朝向资本密集型方向发展;而爪哇岛的一些地方则朝向劳动密集型方向发展。爪哇岛聚集了印尼2/3的人口,主要从事粮食生产和小型手工业;外岛散布在爪哇以外的广阔区域内,殖民者在那里建成了高效率、大规模的出口工业基地。爪哇人由于缺乏资本,土地数量有限,再加

---

① 肖云、邓睿:《新生代农民工城市社区融入困境分析》,《华南农业大学学报(社会科学版)》,2015年第1期。

上行政性障碍,无法将农业向外扩展,致使劳动力不断填充到有限的水稻生产中,于是格尔茨提出了"农业内卷化"的概念。它是指在土地面积有限的情况下,增长的劳动力不断进入农业生产的过程。①

黄宗智(Philip C. C. Huang)将格尔茨的"内卷化"概念引入中国现实社会。在针对中国经济发展与社会变迁所进行的研究中,黄宗智将通过在有限的土地上投入大量的劳动力来获得总产量增长的方式,即单位劳动的边际效益递减的方式,称为没有发展的增长,亦即"过密化"。他提出,中国的商品经济发展与糊口农业共存,商品化并未推动经济结构转型,反而加固了糊口农业中单位土地上投入的劳动力的"过密化"程度。将此概念引入传播学,我们可以将新生代农民工的"内卷化"分为社会交往的"内卷化"、社会流动的"内卷化"、社会认同的"内卷化"。受城市"社会排斥"的存在、新生代农民工城市"社会资本"的匮乏以及城乡之间的"文化冲突"影响,农民工内部出现"内卷化"现象,②且随着城市对农民工的持续性排斥,"内卷化"不断加剧。

第三节 去城市化:农民工内卷化呈现

李强曾于1999年在四川重庆地区十余个县对有外出农民工的家庭做了问卷调研,结果显示农民工在市场流动中实现了劳动力的配置,其中政府组织的流动仅占3%,90%以上都是农民工自己或亲友运作的(表3.1)。

---

① 郝娜:《"内卷化"理论在中国》,《21世纪国际评论》,2010年第一辑。
② 刘丽:《新生代农民工"内卷化"现象及其城市融入问题》,《河北学刊》,2012年第4期。

表 3.1　　　　　外出农民工找到目前工作的途径分布

类别	频数	有效百分比(%)
亲朋好友介绍	104	39.0
自己找的	138	51.7
政府组织的	10	3.8
用工单位来招工	8	3.0
其他	7	2.6
Missing	11	—
合计	278	100.0

数据来源:李强:《当前我国城市化和流动人口的几个理论问题》,《江苏行政学院学报》,2002 年第 1 期。

2006 年,中国青少年研究中心完成"中国新生代农民工发展状况及代际对比"的专项课题研究,研究显示,在新生代农民工进入所在工作单位的方式中,最多的情况是"自己找工作"和"通过亲戚、朋友、同乡介绍"两种形式,两者合计占 70%。与李强在 1999 年所完成的调查数据相比,劳动力配置的内卷化虽然有所好转,但仍然限制了农民工从乡村走向城市道路的多样性,说明了农民工进入新的社会领域的可操作性和便捷性仍然较低,从而限制了他们的城市融入。如此背景下,即便农民工进入城市并获得城市身份,但他们与城市居民的交往仍不可能深入,并缺乏一定的情感沟通,这就形成了"一个城市两种居民"的"隔离"状态。而这种"隔离"所呈现出的景象也千姿百态。

案例一:

2011 年,在江苏省无锡市公安局刑警支队二大队的"打黑"战绩中,以 37 岁的安徽籍农民刘运能为首的黑恶势力团伙犯罪案引起了记者的关注:在检察机关提起公诉的 17 名被告人中,除了主犯刘运能等 3 人为"70 后"外,其他 14 名被告人均为来自安徽和河南的"80 后""90 后",这些年轻人在非法利益诱惑下聚集在刘运能周围,无恶不作,仅被公安机关最终查实的聚众斗殴犯罪就有8起,寻衅滋事犯罪27起;此外,该团伙还涉嫌非法持有枪支、非法拘禁、敲诈勒索等多项罪名。

"他们不是简单的'老乡抱团'式犯罪,而是具有明显的黑社会组织性质,先是借帮助老乡和企业主解决劳资纠纷之名采用暴力威胁手段牟利,逐步涉及向小赌场收取保护费,最后垄断了江阴到安徽、河南商丘的客运线路,用非法手段迫使正规运营车辆退出市场。在这一团伙势力日渐增长的过程中,部分涉世未深、无所事事的年轻外来人员竞相投靠该团伙。"大队教导员陈栩麒向《法制日报》记者介绍说,2010年、2011年办理的6起涉黑犯罪案件中,都有年轻一代外来人员的参与,大多以"老乡"为纽带,有的还"沾亲带故",由于游荡在当地或周边城市找不到合适工作,逐步走上了靠非法手段谋生的犯罪道路。

"这些未成年人的父母有些早已在苏州工作,他们虽生在苏州,却由于生活理念、家庭教育的差异,无法真正融入城市。部分未成年人的父母还在原籍,他们盲目跟从年龄稍大的同乡到苏州打工,文化程度低,法律意识淡薄,一时无法辨别是非,从而走上了犯罪道路。"苏州中级法院少年庭庭长陈绮说。

记者在采访中还发现,相对于外来人员中的"二代犯罪问题",由于目前还没有一个权威的部门和组织统一进行有针对性的课题研究,相关信息零散、政策措施模糊,还直接影响着对这个群体在教育、住房、就业、社会保障以及维权救助等社会管理各方面的"综合施策"。

年轻一代打工群体对家乡的留恋感变低,对网络、娱乐方式等新事物和生活方式的追求远高于20年前的老一代打工族,但文化背景、生活习惯的差异和法制意识淡薄,加之目前城市基于"人口承载力"的压力,在一些领域无法实行完全的"市民待遇",导致这部分群体普遍存在着"回不去、融不下"的问题,也衍生出了对"外来人员二代"如何有效管理的新课题。

苏州市副市长、公安局局长张跃进认为,要解决"外来人员二代"的服务管理问题,首先要深入研究分析以往的外来人员管理的经验,从中寻找突破口,为发达地区有效接纳这个群体提供新思路,也为目前承接产业转移的、外来人员数量不断攀升的欠发达地区提供可借鉴经验。(《新生代农民工盲目"抱团犯罪"衍生管理新难题》,《法制日报》,2012-03-04)

案例二:

"讨薪有理,但讨薪要有度,妨害公务以身试法害人又害己。"3月16日,四川省阆中市人民法院公开宣判大会在江南街道办举行。不少群众表示自己接受了一堂法治教育。大会对张某、戚某、欧某等8人妨害公务罪进行了集中宣判,依法判处张某等6—8个月有期徒刑,其中两名情节较轻者适用缓刑。

至此,这起在当地轰动一时的农民工讨薪演变为妨害公务的事件尘埃落定,8名被告人均对自己不理智的行为追悔莫及,事件也再次敲响了理性维权的警钟。

法院经审理查明:2015年8月29日,百余名民工聚集在阆中市学府花园项目部索要该项目拖欠的工资无果后,大量民工在被告人张某、戚某的煽动下,前往南津关古镇旅游景区堵住景区大门,不准游客进出,以此方式索要工资。

江南派出所民警接到报警后,赶到现场,考虑到众多民工情绪激动,为避免发生更大的群体性事件,民警代永洪在处警过程中,劝解在场的曹某、欧某等人要依法维权,让开通道,方便游客通行。大量民工仍不听劝,被告人张某、戚某起哄,谎称"警察打人",并煽动被告人曹某、欧某、王某将民警代永洪围住、抓扯、推搡,并强制将其挟持至市政府,以迫使政府给开发商杨某施压,从而达到索要工资的目的。沿途引来大量市民围观,一度致使七里大道、巴都大道等地交通要道堵塞,秩序混乱。

事件发生后,阆中市公安局立即调动警力,及时稳控住现场,并将曹某、董某、欧某三人抓获。张某在被公安机关网上追逃后,于2015年9月10日到公安机关主动投案。其余四名犯罪嫌疑人在接到民警电话联系后,主动投案自首。

事后,宋某及欧某的家人多次上门向受伤民警代某赔礼道歉,民警对二人的行为表示了谅解。随后,检察机关认为张某等8人的行为性质恶劣,以妨害公务罪对其提起公诉。8名被告人在开庭审理过程中,对犯罪情节供认不讳,对罪名亦无异议。

法院经审理认为,8名被告人以暴力方法阻碍国家机关工作人员依法执行公务,长时间在交通要道上对民警进行挟持,严重扰乱了社会管理秩序。故其行为均已构成妨害公务罪,应依法追究其刑事责任,公诉机关指控罪名成立。

张某、戚某组织并煽动民工滋事是主犯,曹某、欧某等6人起到辅助、次要作用,是从犯。综合8名被告人的犯罪情节,社会危害性和其认罪、悔罪态度,法院最终决定对8名被告人从轻处罚,判处其6至8个月不等有期徒刑,并对其中犯罪情节较轻的两人适用缓刑。

法院依法判处被告人张某、戚某有期徒刑8个月,判处被告人欧某、曹某有期徒刑7个月,判处被告人宋某、康某有期徒刑6个月15天,判处被告人董某有期徒刑7个月,缓刑1年,判处被告人王某有期徒刑6个月,缓刑1年。

该案承办法官认为:农民工讨薪历来受到全社会关注和帮助,劳动监察部门、公安机关、司法机关都是民工讨薪时可以求助的对象。农民工讨薪的心情固然可以理解,但国有国法,如果以过激方式讨薪而触犯法律,将受到法律的严惩。希望广大民众以此为戒,一定要采取合理合法的方式维权,切莫因过激行为将自己从受害者变为违法者。

阆中市人民法院告诫广大市民,牢固树立法制观念,合理表达诉求,理性维权,不能采取堵路、堵桥、冲击党政机关的过激行为,或者以妨碍公务的方式表达自己的诉求,以身试法终将自食恶果。(《四川阆中农民工讨薪引发暴力事件 法院公判大会审判8名违法讨薪者》,阆中市法院网,2016-03-17)

随后,据《新京报》报道,四川阆中公判讨薪民工引争议,阆中市法院官网迅速撤下相关报道。在这起"四川阆中公判讨薪民工"事件中,大致有三种代表性声音:一是"要合理合法维权,切莫过激";二是此次公审没有"彰显法治精神";三是有关部门不能沦为资本家的打手。

在第三种声音中,农民工的内卷化表现得淋漓尽致:"讨薪者历尽艰辛讨薪无门而被迫违法却被公判,而那些恶意欠薪的企业老板们为什么不公审公判公告天下?这是鼓励资本家欠薪啊!还有为弱势讨薪者说话的吗?""65年前公审地主土匪,50年前公审反坏分子,20年前公审车匪路霸,如今公审'非法'讨薪民工。""坚决拥护曹锟大总统与吴佩孚大帅,坚决拥护萧耀南将军打击堵塞铁路、破坏生产、串联、挑事等违法犯罪行为。坚决枪毙带头闹事匪首林祥谦、施洋。——如今再提及这一段,真是变换了岁月、颠倒了乾坤!"

> 污辱的是我劳工,
> 被压迫的是我劳工。
> 世界啊,我们来创造,
> 压迫啊,我们来解除。
> 创造世界除压迫,
> 显出我们的威风。
> 联合我劳工,团结我劳工,
> 劳工,劳工,应做世界主人翁。
> 应做世界主人翁。①

---

① 见 http://bbs.tianya.cn/post-free-5412475-1.shtml。

案例三：

冯军旗,这位当年的北大社会学系博士生因其博士学位论文《中县干部》为人所知,2016年年初,他在8年前完成的名为《新化复印产业的生命史》的文章再次刷爆朋友圈。文章通过详尽的数据和访谈,展示了湖南娄底下属的贫穷县城新化,如何仰赖血缘、地缘和社会结构,发展出遍布全国的复印产业网络,并不断将该产业推至新的高度——目前,近20万新化人在全国各地从事复印相关工作。事实上,这篇走红地让冯军旗"莫名其妙"的文章因呈现了中国的现代化进程中相当普遍的"内卷化"而触动了多数人,即在职业上处于一种无渐进式积累也无渐进式的增长,缺乏向上的流动通道——事实上,这一现象几乎曾出现在所有中国人身上,但在农民工身上最为显著。

文章的研究对象是熟悉的复印店老板们。在北京,这些复印店以令人讶异的密度,挤在大学宿舍楼后、教学楼底甚至厕所旁的狭窄空间里,门口是"复印、打印"的大字招牌,屋里是复印机器、电脑运转发出的嗡嗡声和闷热空气。这些新化人在北京形成了自己的社群,以亲戚、师徒、同乡的关系相互支持又彼此竞争。大多不过是小学、初中的教育水平,却熟练掌握日本、美国产机器的使用和维修。

根据冯军旗的说法,每个访谈对象都有一个关于习得维修技术、带徒经营的精妙故事。新化复印产业从40年前开始发展,一共经历"流动维修机械打字机""流动维修复印机""复印店""二手复印机专业市场""办公设备"五个阶段。具体地说,它展现了这样一个历史过程:50年前,两个新化人在外偶然获得了机械打字机维修技术。以此为开端,在历史潮流和各种历史偶然间,新化人把日本和美国的二手复印设备通过国际贸易扩散到国内,通过专业市场销售到专业复印店,从而形成了一条完整产业链,构建了遍布全国的经营网络。①

---

① 《北大博士论文走红:复印店老板多是湖南新化人》,见 http://edu.qq.com/a/20150416/010416.htm。

案例四：

2014年12月6日下午，清华大学社会学系和中国青少年发展基金会联合发布了"新生代农民工组织化趋势研究"课题报告，该报告对新生代农民工"找组织"的趋势进行了分析，并提出应对倡议。

据国家统计局数据显示，全国农民工数量持续增长，2013年总量已达2.6亿人，但直至2005年，农民工群体基本没有工会组织、难以获得相应的权益保障，因薪资福利、工伤保险等引起的维权行为越来越多。而"80后""90后""新生代农民工"相对老一辈而言，更加渴望融入城市社会，对"抱团取暖"的组织化诉求更为强烈。

对薪资福利不满，农民工如何集体争取？2010年，广东某汽车制造公司数百名员工因对薪资不满而罢工，而原来的基层工会未能代表职工向资方争取权益，工人要求重组工会。经民主选举，工会重新组建并成功主导了与资方的集体协商。农民工受了工伤、遭遇欠薪该怎么办？创建于1998年的广州番禺"打工族文书处理服务部"被称为"国内第一个劳工NGO（非政府组织）"，专门为遭遇工伤、欠薪的农民工提供法律服务，十几年来尽管举步维艰，但如今同道者日多。类似的劳动NGO已成为华南地区特有的现象。

清华大学社会学系和中国青基会组成的课题组在深圳、广州、北京、大连、佛山、郑州等地进行田野调查，对"劳工NGO""工会组织""非正式群体"等三类相关组织进行研究。其中，"劳工NGO"近年来不仅和劳工维权律师事务所一起积极推动农民工集体维权，建立工伤探访网络，还提供建立夜校、举办晚会、放映电影等社区服务。这些活动拓展了农民工的视野，起到了启蒙工人意识、培育工人领袖、推动工人团结等作用。而一些"非正式群体"比如"帮派"，也是农民工集体抗议和日常抵抗最为重要的资源，是农民工"抱团取暖"、寻求在城市生存发展的重要组织，但"帮派"也有可能成为权力和资本控制农民工、破坏农民工团结的力量。

调查发现,近年来,新生代农民工群体的组织化趋势呈如下重要转向:(1)农民工组织化诉求日益增强。(2)农民工组织化的渠道正在发生转变。(3)农民工诉求的转变和集体抗议行动的增加,也推动了企业工会和劳工 NGO 等正式组织的转变。(4)农民工中的积极分子、劳工 NGO、律师、学者、高校学生等社会力量之间正在初步形成跨阶级的团结网络。

报告发现,新生代农民工组织化是一个不可回避的趋势。因此,课题组向企业和政府提出了几点倡议:(1)农民工的组织化诉求应该得到尊重,只能引导,不可压制,否则只能进一步激化劳工政治。(2)一些地方工会近年来的改革举措值得肯定,应加以推广。(3)工会应与劳工 NGO 联袂共进,加强分工与合作,共同推进劳工处境的改善。(4)合理利用和引导非正式组织资源。(5)尽快建立完善保护和吸纳农民工代表的相关机制。

报告认为,唯有承认、尊重并积极引导新生代农民工的这一组织化趋势,才能真正维护劳工权益,逐步化解劳资冲突,实现以多元主体参与社会治理,疏通利益表达渠道,推动新型城镇化,最终实现社会发展和国家的长治久安。①

2014 年 3 月 16 日,中共中央、国务院印发的《国家新型城镇化规划(2014—2020 年)》指出,在城镇化快速发展过程中,存在一些必须高度重视并着力解决的突出矛盾,其中之一就是,大量农业转移人口难以融入城市社会,市民化进程滞后。目前,农民工已成为我国产业工人的主体,受城乡分割的户籍制度影响,被统计为城镇人口的 2.34 亿农民工及其随迁家属,未能在教育、就业、医疗、养老、保障性住房等方面享受城镇居民的

---

① 《新生代农民工:城市中如何找"组织"》,见 http://gb.cri.cn/42071/2014/12/07/6891s4794200.htm。

基本公共服务,产城融合不紧密,产业集聚与人口集聚不同步,城镇化滞后于工业化。城镇内部出现新的二元矛盾,农村留守儿童、妇女和老人问题日益凸显,给经济社会发展带来诸多风险隐患。这种风险,足以颠覆我们过去 30 多年的社会发展。

第四章 / 被排斥在城市之外：谁来承担恶果？

长久以来，一些城市政府回避了为农民工群体提供社会福利和社会保障的责任，它们习惯于将农民工看作"外来者"，农民工可以在城市里"生产"，甚至"消费"，却不能在城市里"生活"，以及实现人的"再生产"。似乎他们就应该"召之即来"，为城市贡献青春和劳动，而在衰老之时，也应该"挥之即去"，回到农村，让土地和子女提供晚年的养老保障。第一代农民工的确如此，但是新生代农民工却更习惯了城市的生活，他们回不去了，但又不为城市所接纳。当不能融入城市社区的时候，他们选择了破坏。

——摘自《新生代农民工犯罪：个人病还是社会病》，《科技日报》，2013-05-31

〉第一节　为什么要正视打工者？

2006年6月，联合国秘书长安南发布了一份有关世界移民趋势的报告《国际移徙与发展》，在"C·融入社会"部分，报告指出：

> 移徙的成功在于移徙者和东道国社会的相互适应。为了完成这一适应，人们越来越意识到，移徙者在目的地国居留时尽早促进他们

融入社会,符合移徙者和东道国社会的最大利益。融入社会的基石是平等待遇和禁止任何形式的歧视。融入社会取决于多种因素,包括有能力用当地语言进行交流、准入劳工市场和就业、熟悉风俗习惯、接受东道国社会价值、有可能与直系亲属相伴或团聚和有可能入籍。如果移徙者有权享受社会服务以及他们作为工人的权利得到保护,就可普遍促进他们融入社会。政府可为协助移徙者融入社会提供特殊服务或方案。民间社会可协助促进融入社会、分发移徙者可享有的各项服务的资料、适当时提供这些服务、促进移徙者参与指导融入社会进程。

作为东道国的居民,移徙者有责任了解东道国社会的法律和价值,不仅有义务尊重他人的权利,而且也有义务尊重他人的文化特性。而东道国社会必须尊重移徙者的文化多样性和权利。可通过利用移徙带来的社会和文化财富,促进相互了解。

根据移徙者对东道国社会和文化融入进行的分析表明,在容许移徙者按自己的速度适应社会的有利的社会和政治环境下,他们做得最好(Papademetriou,2005)。在此进程中,各级政府在促进和资助推动社会融入的灵活和创新战略时,必须承担责任,制定标准。政府不仅应当宣传包容、公平和平等,还应建立实施机制。

政府必须保护移徙者不受歧视、种族主义和仇外心理的打击,特别是采取有效措施,不让他们的人权受到侵犯,不让他们受到歧视。通过宣传战略影响公众对移徙者的看法也十分关键。宣传战略应阐述和解释现行移徙政策如何符合社会接纳和融入移徙者的需求与能力。管理多样化和促进不同文化间交流的各项战略必须成为任何移徙政策的一部分。最重要的是,政府不应让蛊惑民心的政客垄断有关移徙的舆论走向,不应危惧不容忍威胁。机会主义者往往利用民众对移徙的忧虑以寻求政治利益,任何国家都承担不起因这些人的不负责任的言行而使社会结构遭到瓦解的后果。移徙者对很多国家的繁荣一直并将继续发挥不可或缺的作用,这些国家的领导人有责任打造相应的舆论。

将国际间的人口流动切换至中国国内的各地区间流动,我们也可以将上面这部分话语理解为:当新生代外来工涌入并定居城市已成为不可逆转的趋势时,帮助他们在经济、社会及心理或文化层面完成社会融合,真正成为城市的一部分,才能使城市发展获得利益最大化。

2016年3月17日,国际移民组织(IOM)和中国与全球化智库(CCG)联合发布《世界移民报告2015:移民和城市——管理人口流动的新合作》中文版,报告指出,移民为移居城市和家乡的经济、社会与文化发展做出了不可或缺的重要贡献:移民可以提高城市化率,促进未来经济发展;在良好的管理下,移民带来的多样性会提高生产力,造福城市;移民可以通过与其他来源国的合作以支持家乡的发展,是国际发展的促进者。报告还特别强调,城市若想提升自身在全球体系中的经济、政治和文化地位,应善用辖区内移民人口带来的潜在发展机遇。

土耳其加齐安泰普:移民融合的故事

1. 叙利亚妇女和儿童难民的社会援助项目:

加齐安泰普是土耳其东南部的一座拥有130万居民的工业城市。当地人与邻国叙利亚有着强大的家族和商业纽带。根据政府的灾难和应急管理通报,这座城市目前接收了22.5万名叙利亚难民,其中仅有3.3万人住在帐篷里,其余则通过当地的社会网络和之前移居这里的家庭成员找到了住所并获得了帮助。

在当地社会的支持下,城市采取了综合措施以帮助这些因冲突而失去家园的人们,与此同时,这些措施并没有使本地居民的福利水平下降。这一支持项目通过分发食物、提供必需的生活设施,保护特殊弱势群体,使移民有机会获得长期的服务等,来满足难民的短期和长期需求。

当地医疗体系对许多难民的居住环境和健康尤为重视,已经通过提供免费咨询和药物等帮助了超过5万名叙利亚人。他们还为儿童和妇女提供了专门的健康服务,为儿童提供具有针对性的心理辅导和疫苗接种等。今后还将进一步提高无家可归者获得救助的意识,以及促进边缘群体也能享有健康保障。

在过去两年中,市政府为解决新增的1万名未成年人的教育需求,已经新建了两所学校。课程包括土耳其语和补习班,以使叙利亚儿童尽快进入土耳其的教育体系中。市政府对所有教育开销给予资助。

此外,城市还制定计划以帮助叙利亚人走出非正规居住地,寻找更稳定的住所,并使他们有机会进入当地的劳动力市场。加齐安泰普商会建议发给叙利亚人正式的短期工作许可证,使他们有机会接受职业培训和获得社会保障。因此,这一计划以对叙利亚工人的技能评估为基础,给当地企业一定数量的配额以聘用叙利亚难民。此外,计划还包括在边境附近建立工业区,允许公私合营企业雇用叙利亚人在此生产商品并销往叙利亚。这一计划从2014年10月起实施以来,已给叙利亚新移民提供了大量的正式就业机会。尽管大批难民涌入城市,但这一计划已使城市的总体失业率有所下降。

2. 土耳其应对人口迁移的新途径:

加齐安泰普的移民融合实践是由一个强大的国家层面的法律政策框架所支持的。政府为生活在难民营和非难民营的需要帮助的叙利亚人建立了一个临时保护制度——不论他们居留时间的长短。

这是一个战略性的新方法,它建立在管理有序的迁移可以为所有人带来福祉这一观念之上。基于这种目标,2013年土耳其政府正式通过了《外国人和国际保护法》(The Law on Foreigners and International Protection),明确提出了移民融入土耳其社会的重要性,并为他们融入当地社会提供了一个强大的制度框架,从而极大地提升了移民的法律和社会经济地位,以应对人道主义危机。在未来几十年,人口流动将成为加齐安泰普的主要发展议题,这项法律的出台也使其能够以前瞻性的思维推动对城市移民进行良好治理。

资料来源:土耳其加齐安泰普都市区市长 Fatma Şahin:《叙利亚妇女和儿童难民的社会救援项目》;土耳其内政部迁移管理总指挥部处长 Atilla Toros:《土耳其人口流动的新方法》。①

一般来说,在发展中国家,移民融合问题并未得到国家和城市政策制定者应有的重视。很多地方政府对待移民、城市贫民和非正规居住区等都持有敌对态度,当经济状况不佳时便归咎于移民,这些情况导致了移民的极度贫困。官方文件和实际生活中很多歧视性的做法更加恶化了移民融入问题。在很多落后城市,当地政府会定期打压街头商贩和非正规住房。然而,尽管缺乏卫生、医疗和教育等基本服务,移民仍能够在非正规居住区寻找到经济机会以获得生活保障和微薄收入。② 在中国,由于新生代农民工中的绝大多数均属于低技能外来者,他们在城市资源和各种机会的获取上一直被城市所屏蔽,从而产生了各种融入不良症。

在相当长一段时间内,中国的城市化发展是以产业为中心,逐步扩大城市的范围。在这个过程中,"土地的城镇化"要优于人对城市的融入,这

---

① International Organization for Migration:《世界移民报告 2015:移民和城市——管理人口流动的新合作》,见 http://www.ccg.org.cn/dianzizazhi/yiminbaogao2015ch.pdf。
② International Organization for Migration:《世界移民报告 2015:移民和城市——管理人口流动的新合作》,见 http://www.ccg.org.cn/dianzizazhi/yiminbaogao2015ch.pdf。

与相对滞后的社会管理、公共财政无力支付大量外来人口融入城市的"公共支付成本"密切相关。如中国科学院估计,一个农民工变身市民需要的"公共支付成本"约为1.5万元;据住建部调研组测算,每新增一个城市人口需要增加的市政公用设施配套费(不含运行和管理成本),小城市为2万元,中等城市为3万元,大城市为6万元,特大城市为10万元;中国发展研究基金会公布的农民工市民化的平均成本则在10万元左右;广州市社科院发布的报告显示,一个农民工若要成为广州市民,不包括买房等成本,仅满足最低消费,一生中需要承担130万元。由全国妇联、中国家庭文化研究会组织,华坤女性生活调查中心实施的一项全国性大型调查项目《新生代进城务工者婚恋生活状况调查》显示,我国外来工城市适应达到"中等"程度的,占45.5%;处于"较低"水平的,占44.3%;处于"很低"水平的,占5.4%;处于"较好"的仅有4.5%。

然而,作为新移民的一个有机组成部分,新生代农民工的城市融入是我国现代化进程的必然趋势。从当前的社会格局来看,新生代农民工已成为社会主义现代化建设的"利益相关者",其城市融入直接涉及我国现代化发展的路径选择,在一定意义上决定着中国未来的发展方向。陈映芳认为,"农民工在城市的家庭生活权利没有得到认可和落实。庞大的乡城流动人员群体的家庭问题。两亿多人的乡城大迁移、廉价劳动力的巨大优势,造就了中国的经济奇迹。但是,农民工家庭生活目标的天然正当性以及他们在城市的家庭生活权利,至今没有得到真正的认可和落实,由此造成了城乡间难以计数的分离家庭、数以千万计的'留守儿童'……'城市化''城市发展'正在让这个国家付出些什么样的社会代价? 其实,目前我们是很难预测这种代价的"①。

而对于整个社会而言,针对新生代农民工的社会舆论也发生了一些

---

① 陈映芳:《城市化——中国正付出怎样的代价》,《中国社会科学报》,2012-04-09。

根本变化:从偏重于农民工进城对当地社会治安、秩序、就业等方面的负面影响到对农民工所碰到的不公、不合理问题的关注,目前的共识已经形成:农民工对我国经济建设有着不可磨灭的贡献,应该获得公平的对待,农村人口向非农和城镇转移是一个必然的、正常的过程。

2006年年初,国务院一号文件《关于推进社会主义新农村建设的若干意见》提出要"保障务工农民的合法权益";2006年3月27日,国务院第5号文件《关于解决农民工问题的若干意见》又明确指出"农民工问题事关我国经济和社会发展全局""解决农民工问题是建设有中国特色社会主义的战略任务"。2007年10月21日通过的党的"十七大"报告明确要求"完善和落实国家对农民工的政策""进城务工人员子女平等接受义务教育""形成城乡劳动者平等就业的制度"……但这些显然只是一个开始。

2015年年初,国家发改委印发《国家新型城镇化综合试点方案》,将江苏、安徽两省和宁波等62个城市(镇)列为国家新型城镇化综合试点地区;2015年11月27日,国家发改委等11部委再度联合公布《发布关于公布第二批国家新型城镇化综合试点地区名单的通知》(以下简称《试点》),提出将在北京市房山区、大兴区等73个城市(镇)开展试点。《试点》提出,按照《国家新型城镇化综合试点总体实施方案》明确的各项试点任务总体要求,发展重点在农民工融入城镇、新生中小城市培育、城市(镇)绿色智能发展、产城融合发展、开发区转型、城市低效用地再开发利用、城市群协同发展机制、带动新农村建设等领域。2015年11月26日,国务院农民工工作领导小组办公室向社会公示了拟表彰的981名全国优秀农民工和100个农民工工作先进集体名单,这是2008年以来开展的第二次全国优秀农民工和农民工工作先进集体评选表彰活动,凸显了当前社会对农民工群体的态度。2015年12月14日,中共中央政治局召开会议时提出,要化解房地产库存,必须通过加快农民工市民化,推进以满足新市民为出发点的住房制度改革,扩大有效需求。可以说,新生代农民工顺利融入城市,可在多方面解决当前城市发展中所遭遇的多种问题。

不可否认,即便在这样的背景下,农民工在城市所面临的问题仍然严峻。根据联合国2009年度的世界人口政策报告,72%的发展中国家将农村向城市的人口流动视作棘手的问题——中国并不例外。尽管学者也发出了"大城市人口合理调控应该以'来者不拒,适者生存'为基本原则"①的呼声,但受城市公共服务资源的限制,在地方民政、公安等多个管理部门的访谈中,我们依然能清晰地触摸到他们对农民工城市融入的容忍边界:虽然个别官员姿态开明,现阶段的农民工管理方式和手段仍以"稳定"为主,优先考虑其"不闹事"。这一方面是因为目前庞大的农民工群体与短缺的管理者数量无法匹配②,另一方面则是因为管理者们对新生代农民工的想法、思路并不清楚。当然,这还跟政府部门以经济发展为主要目标,对配套社会管理部门投入有限,造成其相对弱势的地位有关,对某区宣传部官员的访谈就呈现了这种思维:"你们调研农民工干嘛呀?我告诉你们,社会分为三个群体,精英、中层和底层。你们应该多关注下精英,他们才能为我们的社会创造最多的财富!你看看那些企业家们!不行就关注下社会中层,他们是社会稳定的基石。农民工有什么好关注的,他们能有什么想法呢?"但提及通过新媒体为农民工"赋权"的想法时,官员们的想法则基本一致:"赋什么权?他们有权就造反了!"这也呼应了前文所提及的城市及企业的管理者对农民工的"去组织化"管理。

"城市提供了使人们获得幸福生活和提高适应力的各种资源、服务和机会。因此,对于大多数移民而言,迁移至城市是一个正确的选择,使他们更有机会走出困境,过上幸福生活。然而,一旦缺乏管理,迁移可能会

---

① 宁越敏等:《"积极稳妥推进城镇化,促进社会融合"笔谈》,《中国城市研究》,第六辑。
② 在相当长一段时间内,城市的各种编制配备依据是户籍人口,与实际的城市人口数量并不匹配,这就使其难以应付各种问题。近年来,地方政府对此有所改进,但在实际操作中,相关管理人员仍然非常短缺。在人员短缺的情形下,他们不可能对管理手段有所创新,而是基本履行"不出事就行"的策略。

引发排外主义,并对迁移个体及移居社会造成伤害。"①根据 2013 年布鲁金斯学会的研究,一般而言,向城市迁移使人们免受在家乡时的经济和社会压力等,并使谋生途径变得多样化,使其家庭能够不被农村的灾难所困。即便是在困难时期,城市也可以继续提供集中可靠的服务和多种多样的经济机会。在农闲时节以及遭受干旱和洪涝灾害的时期,为了寻求多种收入来源,农民通常以做短期和长期劳工的形式迁移到城市。此外,迁移到相对安全的城市也是应对农村冲突和暴力的传统方法。然而,在当下中国,经济收入的提高显然已远远无法满足新生代农民工的需求,当然,他们对城市的追求也充满了自己的想象。

"你说,我们图城市什么呢?养老?挣钱多?就是好玩啊!你说留在城市干嘛呢?""我想我留在这里是因为机会比较多,什么机会啊?当然是挣钱的机会啦。另外啊,城里女仔就是比我们那(江西某县城)好看!(你去追那些好看的女仔了么?)不追也可以看看嘛(笑)!""我来这里啊,就是跟着我男朋友来啦。他说这里好,我就跟着来了。我觉得呢,见过广州这样的城市,肯定没人愿意回老家啦!(广州哪里好呢?)好的地方多着呢,你能想到的没想到的,这里都有。"②"90 后"的主流想法首先是向往城市,然后是留在城市,但如何留、如何融入,为什么要融入,他们还没有时间来考虑。和"90 后"不一样,"80 后"农民工的想法则明显成熟、实际很多。"房子肯定买不起,但在这(城中村)住着也行,你问我想不想留在这啊?当然想了。就说这城里的公园,都值得我们留下来了……""我在的企业不错,很早就给我们买社保了,等干够了 30 年(该受访者固执地认为满 30 年才能领到社保发放的退休金),我就可以领退休工资了。""房子买不起也没什么,我们现在租房子也可以,孩子一个 10 岁一个 7 岁,在老家读书呢,(寒暑假来玩么?)来啊,每

---

① International Organization for Migration:《世界移民报告 2015:移民和城市——管理人口流动的新合作》,见 http://www.ccg.org.cn/dianzizazhi/yiminbaogao2015ch.pdf。
② 这些访谈均来自于"90 后"。

次来我们都要花不少钱,不过也值得。等他们考上大学,(成绩很好吧?)还不错,我妈是小学老师,一直教着呢。上了大学就可以一起待在广州了。"

"我没参加过罢工,但我见过,如果那样可以加工资,我也愿意去。"与芝加哥学派当年所关注的城市新移民完全不一样,当前中国农民工身心不一,农民工群体内部分化,城镇化的主观意愿极其复杂。

第二节 打工者:城市化后,我们在哪?

1928年,帕克提出:"边际人"(marginalman)的概念。在《人类的迁徙与边缘人》一书中,帕克指出:"边际人是一种新的人格类型,是文化混血儿,边际人生活在两种不同的人群中,并亲密地分享他们的文化生活和传统。他们不愿和过去以及传统决裂,但由于种族的偏见,又不被他所融入的新的社会完全接受,他站在两种文化、两种社会的边缘,这两种文化从未完全相互渗入或紧密交融。"[①]作为新移民的一部分,农民工在中国也并非一个均质性的群体,其内部存在着巨大的差异,存在着农民工"半城市化""半市民化""半融入""不融入"的特殊现象,这里既有身份无法成为城市市民,但享受城市福利,在城市工作的农村户口人员,也有已经获得城市户籍,但是在居住就业,社会行为和社会心理等层面尚未完全融入城市社会的群体,等等。此外,对农民工自身来说,他们对城市化的理解和意愿也存在着极其复杂的情感[②],对自身的利益诉求也非常多元。

[①] 贺晓星、仲鑫:《异乡人的写作——对赛珍珠作品的一种社会学解释》,《南京大学学报》,2013年第1期。

[②] 在调研中,我们遇到了3名已在城市购买了房子的农民工。他们在购买房子之后,都把孩子的户口迁入城市(镇),但出于自身利益的考量,把自己的户口(或者至少夫妻中的一人)留在了农村:"村里现在还有分红,虽然不多,说不定以后就多了。"

农民工的城市融合大体可分为三个过程：一是进入城市就业；二是定居在城市；三是角色转型和社会融合。对于新生代农民工来说，前两个过程大致可以通过自身的努力获得；但第三步则需要借力公共服务和相关的政策制度才能完成。对于不同的城市来说，规模越大，能为户籍居民提供的公共资源更多，在实际投入时，也会更倾向于户籍居民，因此在帮助农民工进行角色转型和社会融合上就做得更为消极。2015年年初，广州承诺将在5年内投入1 490.7亿元解决存量农民工市民化，建立以居住证为载体、以积分制为办法的农民工基本公共服务供给机制。但即便这样，针对农民工的公共资源提供明显要低于户籍居民，但一个显见的事实是：受中央各项关于外来工的政策影响及本地财政相对宽松，虽然还是不平等，但城市公共资源分配的公平性已经开始扭转①。然而，在调研中，我们发现：这种资源扭转在促进农民工的城市融合上仍然苍白无力。这一方面是因为城市所提供的公共服务与庞大的农民工群体仍然无法匹配；另一方面则是因为农民工群体的消息获知能力有限，部分针对或倾向于农民工群体的公共资源还存在大量的浪费现象，这与主办方事前的动员、告知有关。

针对《国家新型城镇化综合试点方案》，广州市财政局局长袁锦霞表示，需要财政投入的肯定会投入。"我们现在对外来务工群体的教育、卫生、医疗已经投入了很多，教育、卫生等预算已经包括外来务工人口了，但还会再增加，每年对教育、卫生等基本公共服务均等化的投入都在增加。"②但这些具有针对性的城市融入信息绝大多数时候都没有被农民工

---

① 这里的扭转并不是说人与人之间的资源差距越来越小。相对于城市富裕阶层所能获得的资源配置，农民工所能获得的社会资源极其可怜，但我们认为，目前对农民工群体而言，最重要的是社会公共资源的争取，即可以让他们逐渐获得与普通市民一样的公共资源配置。至于他们与富裕阶层之间的社会资源差异，则不在本研究讨论范围内。
② 《广州150万外来工市民化 人均成本约9.9万元》，见 http://news2.ycwb.com/2015-02/11/content_8887540.htm。

接收或感知到。"在整个人类历史中,人类一直在改进对于周围事物的信息接受能力和吸收能力,同时又设法提高自身传播信息的能力、速度、清晰度和便利性,不断更新信息传播的技术和方法论的思考,使传播成为社会发展的生产性要素。"① 那么,为何在农民工身上会发生对信息的麻木、质疑、乃至抗拒呢?从某种意义上来说,这是导致农民工城市融入传播的失败:在过去的相当长一段岁月中,农民工们已习惯了城市加诸于他们身上的偏见与剥削,为此而建立了二元对立的"城市—外来者"观。尤其在"90 后"农民工的"刻板成见"中,城里人更是"天然地看不起我们""他们只会剥削我们""他们能提供啥好事给我们"。

"姐,像你这样的人少啊,有几个广州本地人会和我们聊天?还告诉我们这个那个的信息?(我也不是广州人……)这些人啊,就是命好,出生在这里,所以就有房子,(也有很多广州人住在很破很旧的房子里,甚至买不起房子啊!)孩子就能上大学,(不会啊,好多广州人都没读过大学。)赚的钱就比我们多。""街道也搞过针对我们这种人的活动,发的什么奖品啊!我就不信他们自己搞活动也发这种东西!(什么奖品呢?)就是一些水杯、T 恤,很差的那种。(我们学校搞活动也差不多就这些吧?)""知道为啥我们住城中村么?便宜呗!那些人(屋主)自己不住,就建来租给我们,一个月好几万房租呢!(有那么多?你一个月租金 1 000 多,这栋楼里哪有几十套房子呀?)反正我跟你说啊,这些人就是有钱!只有我们才会住那么脏那么臭的地方。(这里的条件好还是你们村的条件好?)这里好点。""那些针对外来工的活动啊,我觉得都是在做秀。做给我们看呗,看了好好工作,安分守己。"

在城市管理者与农民工的基本沟通中,这种信息"熵"无处不在。之于城市管理者,他们为农民工所提供的公共资源,是一种基于对"他者"的

---

① 陈卫星:《传播的观念》,人民出版社 2008 年版,第 1—2 页。

理解,即按照他们对农民工的理解,认为农民工"可能需要这些",再展开的服务。这些安排中,清晰地呈现出他们对这个群体缺乏基本认知和人文关怀。但必须指出的是,这些服务大多依托街道展开,专业素养的缺乏决定了这些工作人员所能提供的社会融入服务有限,这不仅仅是针对外来工的,在组织非外来工群体的一些社会活动时,也大同小异。① 他们面向农民工的服务受到质疑的原因在于:这个群体更需要他们的帮助,本地居民及那些层次较高的新移民们,则不把这类活动视作参与、融入社会的重要手段;之于农民工,该群体基于过去漫长岁月所建构的基本认知已成为一道厚厚的绕不过去的背景墙,受自身信息搜索、整合能力的限制,他们对伴随着社会发展而共同成长起来的各类社会服务缺乏基本的辨识能力,他们对提供给自己的公共资源反应迟钝,甚至觉得不可思议;② 之于部分本该充当城市管理者与农民工之间桥梁的社会组织,③ 或拥有激情但受限于专业训练,或把社会组织当做一门生意,或自身行政色彩太浓,或过于激进屡屡被取缔,所扮演的角色也不尽如人意。

20 世纪 80 年代中后期,农民工走出乡村,他们更多考虑打工挣钱,回乡做点小生意。到了新生代农民工,他们留在城市的意愿则非常强烈,而他们的融入与定居,也可以解决当前城市发展中出现的大量治安问题。在任何一个社会运行过程中,都会在社会主体之间产生不满情绪,形成有

---

① 为了印证这些工作人员中是否真的存在对农民工的歧视,调研小组也参与了一些面向本地居民开展的活动。这些活动有一部分承包给小型活动公司,也有自己组织的,在"针对农民工所举办的活动中是否存在歧视"这个问题上,大部分参与调研的同学都认为没有区别,领队老师也认为没有太大区别。

② 在接受我们访谈的三十四名农民工中,无一人知道广州打算在未来 5 年内投入 1 490.7 亿元,解决存量外来工市民化工作。即便在调研小组反复确认信息的真实性时,他们也流露出不信任的眼神。这让参与访谈的小胡(研究生)发出了"天哪! 我们对这个群体做了什么? 居然提供帮助他们也觉得不可信?"的感慨。

③ 本书作者参加过多场省内民政系统组织的社工组织评选(入选者会获得一定的经费支持,重点项目更可获几十万经费支持),并关注过多个农民工 NGO 公众号(大多已经消失),对农民工 NGO 组织有一定的了解,如中国的草根社工组织大多处于有激情,但无资金、无固定工作人员、无办公场所的"三无"状态。

可能破坏整个社会系统的压力,当这种不满情绪超过社会系统的耐压能力时,就会导致社会系统的崩溃和瓦解。① 从博弈论的角度来看,农民工群体住得越久,他们与本地居民之间持续交往的预期就越高,就越能增进双方的和平共处。如果农民工群体一直被城市排斥,游离于城市边缘,他们会把自己与本地居民的每一次遇见视作最后一次交往,这时背叛会被视为最优选择——广州城里常见的抢劫、暴力,往往源于行动者认为自己可以"干一票就走""谁知道是我干的呢"。司马辉芳认为,内卷化对我国城市化的影响巨大,包括第二代农民工在城市化进城中被边缘化、城中村大量出现、社会不公平加大、群体性事件和集体犯罪事件发生加剧以及民工荒的存在。② 这样,农民工终究无法与城市建立相对牢固的信任与合作关系。

中国城市化就是要了你的土地,要了你的树、你的粮食却不要你的人,中国的城市化一直很粗暴地把农民排除在外面。

城市化就是把乡村变成城市,把农民变成居民吗?

陆学艺教授的回答:"不是,或者说不是这么简单美好的方式。"

这个长期研究中国社会问题的著名学者,在 2004 年 12 月 13 日于中国社科院举行的《2005 年社会蓝皮书》发布会上直言:中国目前最重要的是解决农民应对城市化的问题。他对记者说:"中国农民和城市的相处问题,已经成了社会矛盾最集中的地方了。"

同样关注这个问题的还有中国社会科学院的齐建国、李培林等教授。城市化成了《2005 社会蓝皮书》最受关注的话题。

乡村开始仇恨城市?

陆学艺教授有一个形象的说法:"中国城市化就是要了你的土

---

① 谢建社:《农民工融入城市过程中的冲突与分析——以珠三角 S 监狱为个案》,《广州大学学报》,2007 年第 4 期。
② 司马辉芳:《第二代农民工内卷化对我国城市化的影响》,广东省社会科学院 2007 年硕士学位论文。

地,要了你的树、你的粮食却不要你的人,中国的城市化一直很粗暴地把农民排除在外面。"齐建国教授的分析是:"现在中国的农村和城市像是两个体制的东西,完全不能沟通,社会学上把它叫做二元经济。以前农民还可以守着土地,居民守着城市相安无事,现在的问题是,当城市化把农民的土地剥夺了,却不要农民,农民就成了游离的人,对城市的怨恨开始产生,这就很容易造成社会问题。"

在社会蓝皮书发布会上,专家认为,中国城市化每年以2%的速度进行并不是一件太乐观的事情。"这意味着,每年有多少个农民被剥夺掉土地。失去农民的土地能干什么,进入城市吗?中国的城市从政策照顾到医疗保险完全都是一副拒绝农民的态度。这成了中国最大的隐患。"齐建国说。

陆学艺举了现在许多城市暴力频增的例子:"大量农民,此前根本没有任何知识积累,在被水泥化的土地里他们找不到经济来源,连饭都吃不了,他们试图去融入城市,可是城市和农村之间存在发展的巨大鸿沟,许多城市都需要现代技术,而大量农民只懂得简单的手工,矛盾来了,他们在融入不进的时候连吃饭都没办法保证,而且因为国家特殊的户口体制,他们也没有所谓的低保,当吃饭成了问题,再加上土地是被城市剥夺的,他们会对城市抱有敌意,这就是为什么这几年城市治安问题突出的原因了。"

据悉,珠江三角洲等地区,开始出现治安恶化的情况,出现了拍头党、砍手抢劫等恶性事件,网易曾惊呼:中国出现暴力城邦。广州最新的调查显示,仅有两成的人对城市治安表示放心。"不只是这些问题,我们担心的是集体情绪的仇恨城市。"齐建国说。

中国城市化的历史难题

在齐建国看来,中国城市化和农民收入少是历史残留问题。他这么梳理中国城市化的历史:1949年,共和国刚成立,农民达到

95%,是政权的基础。当时面临的问题是巩固新政权,为此需要大力发展国防和重工业,此前外国是通过侵略完成资本积累,而中国唯一能用的办法就是依靠广大农民。

"所以那时候实施了计划经济,有意压低农产品价格,抬高工业产品价格,原本2块钱的工业品变成3块钱,原本2分钱的米变成1分钱,这样的结果就是国家迅速把资金集中在工业上面,所以可以说,农业养活了工业。事实上,我国的农业产品价格一直是偏低的。"

城市是发展工业的需要,工业发展需要集中的市场、交通枢纽,但是城市建设又需要大量的基础建设。"当时国家没钱,即使到了1978年,国家也只能推行所谓的乡镇企业,就是让农民'离土不离乡',农民进城当时的城市根本无法承担,而发展乡镇企业,还能发展工业,提供建设城市的基础原料。"所以,中国的城市吃农村的奶水长大。1996年,这个平衡无法维系了。当时乡镇企业已经遍地开花,城市里的工业也进入了现代化,具有很强的生产能力,不仅乡镇企业间相互竞争,在城市里代表先进生产力的产品面前,乡镇企业很难再有销售出去的机会。

乡村是集体所有制,集体所有制的乡村起着稳定的职能,围绕着粮食和产品支持进行,而城市则在国家的安排下成为突围兵,不断地现代化,无论从知识能力到生活习惯城乡两者关系不断拉大,没有知识、没有技术的农民根本很难进入城市。

"而且遗憾的是,现在的中国城市还进行保卫城市的政策,在就业政策上倾向城市人口,城市人有医疗保险就业保险,农村人却没有保障。从道义说,中国的农村养大了城市,城市应该反哺农村,但是,现在没有,这成了关系紧张的根本。"齐建国说。

怎么让城市化软着陆

开放,这是陆学艺给出的药方。他说,在西方国家,城市和农村没有这样的壁垒,两者的差别不在收入,纯粹是生活方式的选择。"就是要让人自由流动,现在正因为城市条件太好,农村收入偏低才会有这样的结构性矛盾,在保证发展的前提下适当地开放,并采用一些方式,促进二者的接近。"

陆学艺认为从本质上解决城市化软着陆的唯一办法就是不断地推进经济发展,中国劳动力供给的"无限性过剩"与国际化先进的科学技术供给在一种压缩型工业化过程中激烈碰撞,使得我国的生产高速增长与失业率上升并存。一方面,我国需要采用先进的生产技术体系,以降低生产成本和提高质量,增强在国际市场上的竞争力;另一方面,大量劳动力需要就业。解决这一尖锐矛盾需要经济持续快速增长,以便提供尽可能多的就业机会,保证社会安定。

齐建国还是比较乐观的,他认为:城市化的加速发展必然带动国民经济快速增长。城市化快速发展产生了两个转移,一是农民向城市转移,二是农业人口向非农产业转移。显然,这两个转移都将会促进生产率提高,而生产率的提高是人均收入提高和经济增长的根本源泉。这将会使得国内需求不断增长,为经济增长提供强大的动力。

按照齐教授的观点,只要最多20%的人从事农业就可以了,解放了农民也解放了中国的经济。所以他认为让城市化软着陆的方法就是:"真正把农民变成居民。"(《为什么乡村开始仇视城市?》,原载《新周刊》,2005年1月)

〉第三节　农民工去制度化表达的背后

对于并不掌握话语权及谈判技能的农民工来说,要想达到自己的目的,聚众似乎已成为性价比最高的一种选择。此外,在城镇化的进程中,个体参与通常是基于很"自我"的动机,始于一个非常个人化的层次,其主要目标是改善生活境遇。① 从调研结果来看,现阶段珠三角地区外来务工人员的诉求集中尚处在"希望被接纳",远未上升至"参与城市管理"②,这与农民工社会化的累进直接相关。城镇化是一种累进的过程,体现了复杂自适应系统的社会性特征,而社会性是众多个体"赖以相互协作,从而结合成为一体的某种自然适应性,因此,在根本上取决于人与人相互协作、相互联合的性质"③。由于在相当长一段时间内,绝大部分的第一代农民工并没有留在城市的打算,因此,其城市化的时间很短,意识也非常不充分,对城市的理解也十分有限,这就限制了新生代在内的农民工群体所能获取的城市化传播话语。

"新生代农民工制度化表达渠道的缺失主要表现在两个方面:一方面,他们作为城市社区的常住居民,由于户籍的限制不能与城市居民享有同等的社区权利,业主大会等均无权参与,但却要负担很多社区义务;另一方面,就其工作单位来说,他们不享有正式职工组织工会、与企业组织议价等权利,致使其经济利益表达缺乏制度化渠道。"④ 而考察现有的研究中国农民工迁徙的学术研究理论与实证研究,我们也发现一个现象:只有当这个群体和社会发生暴烈冲突或者给社会治理带来混乱和困扰的时候,才会引起关注。"因此,他们中的很多人倾向于选择非制度化的方式争取自己的权利,如集体罢工、辞职、频繁更换工作单位甚至组织工友与企业'闹事'对峙等。但是,这些方式具有极大的不可控性和暴力倾向,是

---

① 〔挪〕贺美德、〔挪〕鲁纳编著,许烨芳等译:《"自我"中国:现代中国社会中个体的崛起》,上海译文出版社 2011 年版,第 4 页。
② 陈娟:《网络时代的社区媒体:城市整合的纽带》,《现代传播》,2015 年第 6 期。
③ 李猛:《"社会"的构成:自然法与现代社会理论的基础》,《中国社会科学》,2012 年第 10 期。
④ 于建嵘:《新生代农民工的社会诉求与社会稳定研究》,《学习与探索》,2014 年第 11 期。

社会稳定的一种潜在威胁。"①所谓"闹事",是处于社会最底层的新生代农民工在面对政府、工厂等相对强势的组织时,因自己的渺小而不得不采取的一种引起社会注意、解决自身问题的方式。

于建嵘认为,如果能够将新生代农民工的诉求表达纳入制度化轨道,便能将其纳入国家规范可以调整控制的范围,这将有利于避免这一受到排斥的群体因利益表达极端化而造成对社会基本秩序的冲击。而事实上,这一设想的提出也意味着该群体对社会的极端表达已经出现。虽然国家为我们提供了人大、信访、工会、大众传媒等诸多制度化的利益表达途径,但是近年来农民工通过静坐请愿、阻塞交通要道、跳楼等方式进行的非制度化利益表达事件却频频发生。

2016年5月23日,江西省高级人民法院大门前出现"民工抄党章"场景,引起社会广泛关注。但随着事态的发展,真相逐渐浮出水面:江西赣鄱置业有限公司(简称赣鄱公司)为达到逃避巨额债务的目的,雇请民工非法闹访。经公安机关初步查明,事件的组织者闵赛凤在南昌市新建区劳务市场以每人每天180元(包午餐)的价格,雇请了10多名民工,5月23日到江西高院门口封堵大门进行闹访,严重扰乱了该单位正常工作秩序。事实上,这种利用农民工的弱者身份来达到事件媒介化的目的,从而赢得政治上正确的地位,意图迫使职能部门行动的事件早已出现过。

案例一:

众议:旅行社酒店起纠纷　拿民工当枪使?

编者按:从大年初四到初六,100余名来自四川和浙江的农民工,住进了海南省海口一家五星级大酒店。本以为可以感受一下高档豪华酒店待遇的他们,却不曾想遭遇了种种歧视和敌意:酒店禁止拿盒饭的他们上

---

① 于建嵘:《新生代农民工的社会诉求与社会稳定研究》,《学习与探索》,2014年第11期。

客人专用电梯、将大堂与游泳池之间的门上锁……农民工为何能入住五星级酒店？通过报道得知，港澳旅行社掏钱请他们入住，是因为旅行社与这家五星级酒店产生一起经济纠纷，港澳旅行社在对酒店抗议无效的情况下，便使出了这一"招"——请100多位农民工入住酒店。

对于这一事件，我们收到了大量网友来稿，对酒店与旅行社的歧视行为进行了指责，同时，也透过事件本身，阐述了各自关于"歧视农民工"问题的看法。

农民工住五星酒店：群体性歧视导致的恶作剧

网友：石敬涛

这家旅行社的"绝招"不可谓不"狠毒"，而在这一绝招里，旅行社把农民工当"脏水"泼的想法，也表露得淋漓尽致。你文华酒店不是"失约"吗？那我干脆一不做二不休，把那些不讲卫生、满身往下掉土渣子的农民工请到你酒店来住，让你酒店哑巴吃黄连，有苦说不出。事实证明，旅行社扔出的百余名"农民工"这杆"枪"，可着实是实实在在的正中"五星级"酒店的七寸和要害之处。

百余名农民工迷迷糊糊住进五星级酒店的遭遇，说明该旅行社的"报复"行为达到了目的，这100余名农民工也"发挥"出了作为枪的作用。农民工们天真地认为，他们住五星级酒店，本可以感受一下高档豪华酒店的待遇，可事实却是，在酒店里"到处是异样的眼光，我们像贼一样，浑身不自在"。

这还不说，因为这些"不速之客"的到来，酒店保安甚至将大堂和游泳池花园之间的门锁了起来，而且当农民工们到街上买盒饭回酒店时，保安也不让提着盒饭的农民工乘客人专用电梯。酒店对这些农民工的不欢迎程度由此可见一斑。酒店对于旅行社报复手段表示了相当的腻歪和头疼。看到此情此景，那在幕后的旅行社老板也许正因为自己"阴谋"的得逞而捂着嘴偷着乐呢。

　　农民工住进五星级大酒店,在这里成了商家互相报复的手段和武器。而农民工之所以能成为报复手段和武器的先天条件只有一个,那就是来自于社会的群体性的对农民工群体的歧视。在那歧视的思维中和语境下,农民工是脏、穷和"二等公民"的代名词。五星级酒店天生与他们是不相融的,他们不属于五星级大酒店。因此,他们才会被商家拿去当枪使,因此,他们在住进酒店后,才会遭遇到另类的白眼,产生做贼般的感觉。

　　农民工住进五星级大酒店遭遇白眼,商家拿着农民工当枪使,当猴耍,这就是群体性歧视孕育出的恶作剧,是社会歧视结出的恶果。这一事实告诉我们,打破这种由来已久的群体性社会歧视的坚冰,依然任重而道远。如何能真正让农民工参与城市化、现代化进程,如何能保证农民工群体有资格享受"五星级"的现代城市生活,是政府一个必须面对和考虑的命题。

旅行社所为更是令人不齿的隐性歧视行为

网友:杨涛

　　酒店方的行为无疑是一个违反合同的行为。从民法的角度上讲,既然与旅行社签订了住宿合同,酒店就得按质按量提供住宿服务,农民工通过旅行社转让合同,成为合同的一方当事人,酒店不能因为农民工身份的原因而降低对其的服务质量,否则可以要求酒店承担违约责任。同时,农民工作为弱势群体,酒店仅仅因为身份而限制其应当享受的一些权利,还是一种涉嫌歧视的违法行为。宪法规定,中华人民共和国公民在法律面前一律平等,因此任何人都不能因身份的原因受到不公正的待遇。

　　但是,相比酒店方的明显而公开的违反合同和歧视的行为,港澳旅行社的行为也是一个令人所不齿的隐性歧视的行为。港澳旅行社与海口文华大酒店发生了合同纠纷,本来可以通过正当的法律途径来解决。但是,旅行社却选择了让农民工进酒店的方式,来表达他们的不满。在他们的骨子里,他们也知道农民工住酒店并不常见,农民工并不适应酒店的环境,不太懂得酒店的规矩,并且也应当想到酒店方对旅行社的行为会表示不满,进而可能对农民工有不礼貌的举动。旅行社就是要农民工在酒店作出一些"异类"的行为,让酒店出出丑,以表达所谓的抗议,进行泄愤。虽然他们直接针对的是酒店方,但以农民工作为抗议、泄愤的道具,是很不道德的行为,同样是一种涉嫌歧视的违法行为。

农民工对被歧视身份的主观认同同样可悲

网友:康劲

从表面上看,此事绝对是一出闹剧,但是,在闹剧的背后,所折射出的信息,却令人悲哀:一面是对农民工的身份歧视,一面又是农民工自身对这种被歧视身份的主观认同。

从法律的角度来讲,酒店和旅行社都谈不上有违法犯罪的嫌疑,但是,使用道德的尺度来衡量,会发现双方都应该受到谴责:拿农民工作为抗议的"工具",旅行社错了;发现抗议性集体入住的是农民工后,便采取了特殊的防备措施,酒店错了。酒店和旅行社,作为经济纠纷的双方,虽然,在经济交往中存在明显的分歧,但是,在对农民工身份评价上的歧视,却是一致的。

作为农民工,他们能被作为特殊"工具"去抗议五星级酒店,应该是有一定的自身原因的。假如是在未知真相的情况下,误以为是老板请他们来度假的,那么,这样的"享受"就是一种无辜的伤害。但是,在获知真相后,大部分与纠纷无关的人员,依然住在酒店,利用自己农民工的特殊身份,替旅行社"表达"抗议,借机免费享受住房服务,在主观上认同并利用了经济纠纷的双方与社会强加在他们头上的身份歧视,这就说明,这部分农民工的公民意识并没有真正觉醒。一方面,他们对社会的歧视性偏见不满;另一方面,却又要利用这种偏见享受短暂的"实惠"。

从"五星级"歧视看社会"失谐"

网友:青山

假设农民工不被社会歧视,不是"无知、没有教养、卑下、邋遢、低人一等"的代名词,不被一些人妖魔化,商家会拿农民工当"枪"使吗? 不难看出,农民工入住五星级酒店的起点,就是建立在"五星级"歧视基础上的。正如旁观者言:"这样做是对农民工不尊敬。"

来的都是客,本应一视同仁,但酒店经营者不会不明白农民工入住的背景。在这种情况下,入住的农民工遭受一些白眼,受到一些不公,甚至感到尴尬、压抑和受到歧视,应属"正常"。

不久前,有人搞过"谁是中国最卑贱的人"的调查,因为"跳楼、爬塔吊、卖淫、强奸、抢劫、裸奔、性饥渴、偷窥"等词语经常与农民工相关联,再加上一些媒体的渲染,导致农民工被"另眼相待"为"最卑贱"之人。不仅如此,在户籍、劳动用工、医疗卫生、社会保障等方方面面,农民工所遭受的体制性、制度性歧视,盘根错节,错综复杂,一言难尽。

不难看出,农民工所受的歧视,很多源于权力对无权者的歧视。长此以往,社会对农民工这类无权弱势群体形成了歧视惯性,甚至其他弱势者,也存在"挤兑农民工"现象。屡受不公的农民工,也常常用极端手段进行反抗。歧视产生矛盾,矛盾破坏和谐。这种"失谐",之于稳定与发展,之于人们养成爱好和平、平等友善的文明品质等,其害无穷。

案例二:

民工讨薪被驳回 拆走仲裁委招牌抱回家

深圳一男子因不满相关部门驳回其诉求,抱着招牌徒步一个多小时回家。

"我就是要出口气!一切后果我自己来承担。"前日上午,39岁的张百宁因不满劳动仲裁部门和法院驳回其讨薪诉求,一怒之下,拆走深圳市劳动争议仲裁委员会的招牌,并徒步一个多小时将招牌带回家。前晚,当记者见到张百宁时,他仍显得非常激动。

欲讨回当月工资与押金

张百宁来自甘肃庆阳,4年前来深圳务工。2003年11月,他以电焊工的身份进入深圳市百分百实业发展有限公司。由于工作性质原因,他必须经常加班加点蹲在地上焊接,到后来患了腰椎间盘突出症。经治疗后,2004年9月,张百宁向公司提出了辞职,并要求结清当月的工资并退还押金。张百宁说,在递交辞职书后,公司一拖再拖,避而不见,无奈之下,他只好去深圳劳动和社会保障局信访办上访,而信访办则建议他到福田区仲裁委申请仲裁,而福田区仲裁委则以张百宁"未能提供有效的证据证明与被诉人存在劳动关系"为由不予受理。

张百宁说,当时自己提供的证据包括印有百分百公司名称的工作证和工资单,福田区仲裁委认为他提供的证据上未盖有百分百公司的公章,因此不予认可,而张百宁拿出自己的工作证,翻开背面,上面却盖着百分百公司的公章。于是,张百宁找到福田法院,要求法院进行裁决,法院建议他先行到劳动部门进行仲裁调解,张百宁只得再次到深圳市劳动保障局信访办上访,并要求深圳市仲裁委对他的情况进行仲裁,但一直没有回音。

一年过去了,2006年1月18日,张百宁又一次向福田区仲裁委申请仲裁,而后者作出的裁决仍是不予受理。

最终,张百宁通过福田法院将百分百实业公司告上法庭,但法院以他的诉讼请求超过法律界定的60日的仲裁时效,驳回了张百宁的诉讼请求。张百宁不服,继续上诉,而深圳市中级人民法院经过审理,于12月1日作出判决,以同样的理由,驳回了张百宁的请求。

不能上公车徒步抱回家

面对两次败诉,张百宁百般无奈,把最后的希望放在深圳市劳动保障局身上。前日上午9时,张百宁来到位于深南中路新城大厦的劳动保障局信访办,信访办工作人员让他去行政复议办公室试试看,他来到办公室,讲明了自己的情况,工作人员表示,既然法院已经作出判决,办公室不可能再进行复议。

张百宁几乎万念俱灰。"我当时想,如果不是因为仲裁委对我的请求不予受理,我也不会弄成这样!"当他走到楼下,看到"深圳市劳动争议仲裁委员会"的牌子时,怒火中烧,便上前将牌子拆了下来。

由于不能上公车,张百宁便抱着牌子徒步沿深南大道走上华强北路,再转到红荔路,最终拐上莲花路,经过一个多小时的行走后,回到了自己在布尾村的出租屋。

当记者问他是否考虑到自己行为的后果时,张百宁说,"为这个事情,我弄了两年多,到头来还是得不到解决,到现在我已经不想解决了,就想出口气!如果有什么后果,我宁愿自己来承担。"

劳保局已与其电话沟通

新城大厦的保安不久就发现了仲裁委的牌子不见了,大厦保安四处找了一上午没找到,就报了警。

昨日上午10时多,记者来到新城大厦12楼张百宁去过的行政复议办公室,办公室的工作人员对张百宁仍有印象,"根据规定,法庭作了判决,我们就不再进行复议,"一工作人员说。

仲裁委的牌子被拆走,给深圳市劳动争议仲裁院也带来了很多烦恼。面对记者的采访,仲裁院林院长称,"这肯定是一起政治事件!"并表示派出所已经立案,相信公安机关的公正和破案能力。

记者联系了百分百公司。据该公司总经理陈浩介绍,公司事实上已经发放了他的全部工资,而且他在去医院治疗的十多天期间,也并没有和公司打招呼，以至当时公司上下都以为他已经离职。

陈浩告诉记者，张百宁性格内向，比较偏执，爱认死理。去年2月，他就曾拿着水果刀来到公司门口，而且身穿白大褂，上衣上写着"讨薪"和"无良"一类的字眼，给公司形象带来了不好的影响（《深圳法制报》曾作报道）。

昨晚7时，深圳市劳动和社会保障局信访办工作人员通过记者得知张百宁的情况后，与张本人进行了电话沟通。而张百宁则表示，只有在劳动保障局帮他解决了问题后，他才会归还牌子。

律师说法：此行为明显过激

对于张百宁拆走政府招牌的行为，广东省盛唐律师事务所律师朱金辉表示，根据国务院颁布的《信访条例》，信访者有"六不准"，而拆走政府招牌并没有明确在"六不准"之列，但张百宁的行为明显过激，相关部门可向其拿回招牌，并进行批评教育；如果张百宁拒不归还，公安机关可介入，对其进行警告和训诫；若仍然屡教不改，则可根据治安管理处罚条例规定，对其进行处罚。（南方新闻网，2006-12-28）

通过农民工的特殊身份所制造出来的媒介事件充分表达了"农民或农民工的弱者身份可以作为一种抗争武器"①。的确，对当下中国无法等来制度化表达的农民工群体来说，将自身武器化是弱者的生存法则之一，"虽然讨薪的农民工们未必熟谙媒介化的含义，但他们的实践感无疑会引导他们去利用自己的弱者符号并运用某种特别的方式在社会政治的大环境下让媒体关注，以达到尽快解决问题的效果。"②然而，之于政府及整个社会，这种抗争却必然存在着不可预见的风险，且这种风险会随着去制度化表达方式多样化的加剧而越来越加剧。

---

① 董海军：《"作为武器的弱者身份"：农民维权抗争的底层政治》，《社会》，2008年第4期。
② 董海军：《"作为武器的弱者身份"：农民维权抗争的底层政治》，《社会》，2008年第4期。

第五章 / 中国媒体现状

工厂里"80后""90后"的新生代打工者,他们更加向往城市生活,对于家乡的情感和依恋没有那么大,但是建筑工地上的,特别是四五十岁的人,他们仅仅把城市当作打工赚钱的地方,在他们心里,家乡才是最终的归宿。我在理论上有个想法,想去了解这些农民工通过什么样的媒体和文化实践来参与底层的抗争,比如说,这些抗争在哪些层面有效果,在哪些层面是失效的?或者说在哪些层面他们根本就没有抗争的意识和行动,这又是为什么?

——摘自孙皖宁、苗伟山:《底层中国:不平等、媒体和文化政治》,《开放时代》2016年第2期

》第一节 理想与现实之间的中国媒体

媒体在运行过程中会逐渐凸显两个变量:一是媒体自身的主体性认识,即媒体可以成为社会运行中的重要角色,形成专业群体从自在到自为的意识转变;另外一个变量是媒体在与社会的交换过程中吸取新的动力——改革开放的社会现实所展现出来的新的社会信息资源的可开发性,之后的结果是这种能量转换亦可以加强媒体自身在既定场域中的谈判能力。当然,在媒介生产缺乏自主性和相应的评价规范标准时,媒介生

产的"合法性"尚须探讨。

由于中国的媒介内容生产一直存在于"他治性"的场域里,大量的文本及其文本生产的历史背景呈现的是:媒介在寻找主体性的过程中要逐渐取得更多的话语权,而非单纯地依附于执政党,从而使得政治与媒体的平衡成为最好的社会平衡机制。

政治是媒介生产的重要内容,媒介生产也是政治的孵化剂。信息传播乃是政治社会得以形成的前提,它不仅为政治过程提供了不可缺少的信息资源,型塑着人们的政治意识,调节着人们的政治行为,而且媒介系统本身就是政治系统的重要组成部分,媒介发展还是政治文明的重要标志。[1] 芝加哥学派的代表人物杜威、库利和帕克也深信,"大众传媒尤其是报纸在社会生活中所扮演的角色,是重建美国社会道德与政治舆论共识的代理人"[2]。这种言论符合任何一个国家的社会发展,不同的是,不同体制下的媒体制造了不同的政治声音。所不同的是,进入到现代文明国家之前,新闻界与国家和政党中居支配地位的势力保持密切的甚至直接从属的关系,借此关系,媒体从业者的政治影响力深远,而到了近代民主国家,随着新闻界对商业利润的追逐,媒体从业者的政治影响力逐渐降低,对社会能产生政治影响力的主体成了资本家式的报业大亨。

在近代民主国家,作为独立于立法、司法、行政之外的国家"第四权力",媒介承载着政治社会化功能,是公民了解政治、参与政治的一个重要渠道,在促进政治发展方面,媒介也有其独特作用。在对社会构成的考察中,吉登斯特别重视信息储存在社会资源配置和社会发展中的意义,"从早期现代国家以及其他现行的现代性制度的兴起来说,印刷是主要的影

---

[1] 张昆:《媒介发展与政治文明》,《新闻大学》,2006年第3期。
[2] 关于芝加哥学派在传播研究方面的历史和贡献,参见〔美〕罗杰斯著,殷晓蓉译,《传播学史》上海译文出版社,2002年版第5章中的相关内容。

响因素之一"①。媒体决定了信息的生产、流动、终止,信息则在权力结构、社会关系与日常生活的逻辑关系中起着决定性的作用,从这个角度来看,媒介生产应该是建构现代社会关系的一个重要因素,但该理论仅适用于信息自由流通的国家或地区,也即现代国家。在中国,媒介作为国家机器的组成部分,一直都在扮演着建构主体意识形态的角色,因此,其政治化功能尤为突出。相应地,在涉及农民工及农民工城市融入的主题上,媒体的关注点显然更着眼于中央、地方政府的相关政策,而新生代农民工显然没有作为能动的个体受到太多关注。换句话说,这些主题大多还是一种自上而下的释放。

20世纪80年代,各种西方思想潮流纷纷涌入中国,人道主义、人文主义、西方马克思主义……各种思想交汇纷争。而在20世纪90年代,由于经济体制改革和社会稳定的需要,社会发生了一个重要转向:体制对社会精英进行了成功的吸纳。媒介产品以某种特定的方式被架构出来,自1981年到2002年,媒介内容的变化无一不折射出社会的变化,而在中国,社会的变化首先是政治的变化,虽然这种变化很多时候以经济的形态呈现。政治在变动,传播者选择某些事件而舍弃其他,并将言论嵌入特定的政治格式之中,或者偏执于某个特定的角度来叙事,这些都涉及政治与媒介生产的核心机制。媒介生产的历史同时也应该是一部争取言论自由的历史,在言论自由成长的历程中,有哪些力量在发生作用?这些力量又有什么样的变动?当商业利润加入这场战争,与政治权力一起挑逗媒体时,新闻界能做什么,又真正做了什么?

在中外历史上,压制言论有两种理论依据:教条主义和实用主义。教条主义在中国源远流长,这种理论只承认己方正确,否认其他一切。由于

---

① 〔英〕安东尼·吉登斯著,赵旭东、方文译:《现代性与自我认同》,三联书店1998年版,第27页。

教条主义认为只有自己的理论是正确的,其他都是错误甚至邪恶的,压制这些言论便具备了天然的合法性,因而教条主义一直是专制政府的理论基础。与教条主义相反,实用主义并不关心言论的正确与否,而更关注言论所产生的社会后果。对实用主义者而言,正确的言论可能更有害。①张千帆认为,教条主义虽然或有呈现,但现在的绝大多数国家都不会公然使用这一理论来压制言论,但实用主义却依然横行在诸多非现代国家。

20 世纪 70 年代以来,中国的新闻界一直在努力争取相对独立的地位,并向着专业化的道路(这种专业化与媒体本身的独立并非完全相关)发展,20 世纪 80 年代伊始,写作方式和媒介内容率先进入媒体发展之路并有了长足的发展,当时的媒体上也不乏公共性问题的探讨和讨论,这些都是媒介生产积极参与政治的体现。媒体的功能诸多,但其核心的传递信息功能却始终未能改变,对于中国媒体而言,能够参与、切入、推进重要的政治话题无疑是当下的追逐目标。这种或许功利的追逐对转型中的中国也有积极的意义,在某些方面,也的确带领着媒体走出了"新闻作为意识形态宣传"的传统模式。然而,追逐中也不乏一些令人忧虑甚至失望的征兆,其整体上的病理症状呈现如下:第一,新闻界已经不再存在被称之为"主流媒体"的报刊、广播电视,当然,中央电视台、中央人民广播电台依然保持垄断,但这种垄断与媒介产生的产品本身并无太多关系。报刊基本表现为各自为营,《人民日报》可以说自己是主流媒体,但《南方周末》一定不会同意这个说法。"中国新闻奖"的荣誉感已不明显,民间评奖活动频频出现;第二,新闻从业人员的归属感、忠诚度降低,媒介内部发生裂变,共同体虽然没有消失,但就相对数量而言,范围开始缩小。纵观整个20 世纪 80 年代,新闻从业人员对新闻界的归属感极其强烈,其共同体也

---

① 关于教条主义与实用主义对言论自由的危害,详见张千帆:《宪政国家的言论自由》,见 http://www.fsou.com/html/text/art/3355763/335576351_4.html。

表现明显,而1992年之后,媒体内部开始分化,就比例而言,将媒体作为一种崇高事业来对待的新闻从业人员减少,大部分从业者只是把这份职业当作生存工具而已,"新闻寻租"现象、过分趋利行为频频出现,在媒介的五大社会功能中,"娱乐"功能被无限放大,其他功能则逐渐萎缩;第三,媒体在受众心目中的地位集体滑坡。媒体及媒体工作人员面临信任危机已是不争的事实,从国家级媒体到地方媒体,从纸质媒体到电子媒体,造假、收受红包、掩盖真相等事件频频发生。那么,媒体在多大程度上起到了"公共领域"的作用?媒体上又有多少严肃的思想争论?在社会发展的认知层面上,媒介又在多大程度上为普通民众提供了视角和观点?

20世纪初,德国历史哲学家斯宾格勒就抨击了战争时期政治性的报纸导致了人们自主性的丧失:"只关心事实世界的效果和成就的当前的公众真理,今天是报纸的一种产物。报纸所希望的就是真的。报纸的指挥者唤来真理、改变真理、更迭真理。报纸做三个星期的工作,真理就会被每一个人所承认。"①"报纸在今天是一支具有若干严密组成的兵种,以新闻记者为军官、以读者为士兵的队伍。但是和任何队伍一样,士兵在这里也盲目地服从,而且战争的目的和作战计划的改变是不让士兵知道的。读者不知道也不容许去知道他是为了什么目的而被利用的,甚至不知道他要扮演的是什么角色。我们想象不出对思想自由的讽刺有比这种情形更为骇人听闻的。"②虽然这样的时代已被逐渐进步的社会所抛弃,然而,对媒体而言,其所面临的困窘并没有因此而减少。

媒体札记:偶像沈颢

在20世纪90年代中期以后的十余年里,他是这一代中国媒体人心目中的偶像之一:甚至就是最完美的那一尊。他纵横捭阖,他才华横溢,

---

① 〔德〕奥斯瓦尔德·斯宾格勒著,吴琼译:《西方的没落》,上海三联书店2006年版,第419页。
② 〔德〕奥斯瓦尔德·斯宾格勒著,吴琼译:《西方的没落》,上海三联书店2006年版,第420页。

他温文尔雅，他内敛低调，他一言九鼎，他温柔专情……用现在的流行语来说，他就是"男神"。

然而，在2014年的十一即将到来前，这尊近乎完美的偶像，却被警察无情地打倒，以"涉嫌敲诈"的罪名。

是沈颢，不是沈灏。这位低调内敛近乎神秘的传媒偶像，可能怎么也不会想到，自己在传媒界最大面积的一次曝光，大部分媒体居然会把自己名字写错。

是21世纪传媒公司总裁、《21世纪经济报道》发行人，不是21世纪报系总编，率先发出消息的新华社客户端，不仅名字写错，连职务也弄混。

这位传媒界大咖，自妻子离世后，几乎处于半退隐状态。传媒江湖里茶余饭后的闲谈，都是他早些年的神话，也难怪喜爱依据百度百科写稿的记者，所掌握的信息还停留在几年之前。

从昨日午后开始，陆续即有小道消息传出。被警方带走确认属实，一锤定音后定睛一看，网易新媒体竟比新华社客户端还要早4分钟："25日下午两点，多个信息源证实，21世纪传媒公司总裁、《21世纪经济报道》发行人沈颢，被警方带离位于广州南方报业传媒集团的办公室；一同被带走的，还有21世纪传媒公司总经理陈东阳。目击者称，警方于当日中午抵达21世纪办公室，在僵持之后，将沈颢和陈东阳带走。目前，沈颢和陈东阳均无法联系。二人被带离之后，仍有人员在搜查二人的办公室。"

僵持细节是网易独家曝光的，但财新网的导语更胜一筹："一位曾写出过'总有一种力量让我们泪流满面'和'即使新闻死了，也会留下圣徒无数'等文字的媒体人，今天失去了自由。"

没错，"总有一种力量让我们泪流满面"，这篇风靡一时的新年献词，又开始在媒体人的微信朋友圈呈刷屏之势。

不同的是，这一回，标题后面附上了括弧：（文/沈颢）。新作者的考察探测工作，归功于原《南方周末》主编江艺平，她在退休后的专栏文章里，借助沈颢回忆予以了勘正。新年献词是小组共同合作，最重要的执笔者正是沈颢。很长一段时间里，作者均被误认为是江艺平，稍微了解行情者，也以为是长平撰写，未曾想到，沉默不喜张扬的沈颢一直隐居幕后。

宿命一般的是，在沈颢昨日被警方带走前，屡遇困境的长平也早已远走异国，那篇世纪之交打动人心的献词，仿佛在它出世之初，就被偷偷施下诅咒，甚至有向整个南周蔓延的趋势。2013年元旦那场风波，同样缘起于新年献词，那是一场至今回想起来都可称之为波澜壮阔的声援，而祸根可能也正是从那一刻即埋下。

出自@武剑雷而又无从验证的消息，如此揣测沈颢被带走"可能涉及的原因"："(1)近年来，21世纪网不断披露隶属于上海市国资委的'上海医药'诸多黑幕，这些黑幕背后都有××帮的重要成员操控；(2)《21世纪经济报道》刊文《谁的阿里巴巴》，质疑神秘入股的×××；(3)8月21日，《21世纪经济报道》报道了位于天津的渤海商品交易所的乱象，报道举报的非法交易人蔡程举是××丽的亲属。"这一声今日清晨的报信，没挨到中午就消失不见了。

曾几何时，被视为南方"双子星"之一的沈颢，一度被认为解决了另一位"双子星"程益中的难题——他所创办的21世纪财经帝国，在舆论监督与体制容忍之间，寻求到了一个微妙的平衡点。

"对我这代媒体人来说，沈颢是神级人物"，这是一向直言不讳的石扉客的评价，"他参与开创了一纸风行的南周时代，又开创了波澜壮阔的21时代，中间还玩了一把城市画报小资风，他亲手缔造的21帝国铸造了国有商业媒体在股权架构与社会演化上的双重意义……作为一个媒体人，他的惊人才华与低调做派，早已是一个写入新闻史的传奇。"

是啊，他可是沈颢！论及媒介流变中的个人光环，哪怕并称"双子星"的程益中，与他相比也是稍逊一筹。全盛时代的《南方周末》，一纸风行的《城市画报》，深入人心的《书城》，蔚为大观的21世纪财经帝国，都有沈颢的鼎力参与。几乎整个中国新闻界——特别是市场化媒体从业者——瞠目结舌,陷入前所未有的复杂心情中。

于是,怀揣着沈颢究竟是蚂蚁还是上帝的猜测,李琪认定"在他迅猛的生长途中,一定有一种错综复杂的力量":"否则,何以让一个北大中文系的轻狂'诗人',转瞬成了体历民生疾苦的《南方周末》的新闻主力军;又是谁,让《城市画报》贴上了'广州制造'的醒目标签,且只凭一句'你快乐吗?'就将都市小资们煽动得欲仙欲死……"

但这些还远远不够,在李琪既感性又冷静的文字里,沈颢的野心随时喷薄欲出:"仿佛还不够刺激似的,那个曾经被人认为'不能再做报纸'的人,在29岁那一年,竟然合纵身边诸多俊杰,强势杀回纸媒体,矛头直指专业财经新闻市场。此后,一份标榜以'新闻创造价值'的《21世纪经济报道》横空出世,并于问世一年半以后的今天宣布盈利……不过,一份每周40个页码的报纸似乎并没满足沈颢的食欲,趁着《21世纪经济报道》初创的'混乱',这个一脸孩子气的家伙信手一挥,又魔术纸变鸽子似地弄了个提倡'新闻全球化'的时政类报纸《21世纪环球报道》。"

果然,撞上了暗礁,搁浅在了险滩。

那份一出生就野心与情怀兼备,但又因触犯雷区不幸早夭的报纸,在创刊副主编连清川的追忆中,即像是沈颢气定神闲布下的一颗棋子:"2002年三月的某一天,南方报业集团旗下21报系发行人沈颢把我叫到他的办公室里,告诉我他想要做一张以国际新闻为主的报纸,问我有什么意见。"

报纸在加速中陨落,沈颢却在光芒中上升。这是@上海大宝昨夜的唏嘘:"那一年,沈颢突然就名满天下了。成全他的,是九天之上的宣宣。这个水泼不进的阎王殿越过数不清的级别,直接罢免了一个省报的子报的年轻编辑,让他有资格进入了历史。"

如果要拍一部媒体人偶像剧,那沈颢一定是当之无愧的男主角。即便是他那凄凉的爱情故事,也与剧本几乎如出一辙——妻子莫小丹是一位插画师,因白血病早早离开人世。

微信朋友圈昨晚在传颂一首小诗,那是他写给妻子的墓志铭:"一个人,在桃花上睡去;在桃子上醒来,又睡去;一个人,离开秋天;来到冬天,刚刚梦见春天。"这对宛若杨过小龙女般的神仙眷侣,最终没能等来16年之约。所以,@上海大宝无限神伤地叹息:"当沈颢妻子患上绝症的时候,很多人都说那是天妒英才,否则他太完美了。那个时候,马云还没有创办阿里巴巴。"

甚至,连一向特立独行以前卫著称的木子美,回忆起城市画报的曾经共事岁月,也娇羞地像个情窦初开的小姑娘:"虽然什么内幕都不知道,待在那的一年也被当临时工,发生这么大的变故,还是会有点难过呢。来去十几年,有些名字还是耳熟的名字。平日里,连个照片都罕见,却被这样公布着,以这样的方式。感觉很心寒呢……他真是个命苦的人。创业期最艰难时,太太生病去世了。如今又一个坎。知道消息后,我竟然最牵挂他的孩子。"

昨晚在微博为沈颢刷屏不止的她,以女人第六感的直觉认定,"刘洲伟是最清楚发生什么的":"因为他从《21世纪经济报道》创刊开始,一直和沈颢搭档,直到2013年7月微博宣布辞去21世纪传媒执行总裁及其他相关职务。这个时间点很微妙,肯定是报社有了什么政策变化,违背了创刊人的意愿,或者刘嗅出了其中的风险,切割这么多年的心血和感情,及早离开了……好好运作了14年的报系,为什么在2013年11月开始有了那些事,谁让他们去冒那样的险,违那样的规?以他20几年报人的经验,会随便因为缺钱去冒险?他家庭最困难的时候都没那么做过。"

同为21世纪经济报道创始人的刘洲伟,去年选择了二次创业投身新媒体,他的微博更新还是停留在9月13日。倒是原《21世纪经济报道》新闻总监左志坚,一直在微博上为前领导呐喊不已。

长年共事的经历,让左志坚相信老沈是"理想主义的人""个人不会有什么经济问题":"几个月前在北京约了他和一互联网大佬吃饭,席间谈各种资源合作,却不是为了一桩生意,而是一个公益项目。大佬问,为什么要做这个不赚钱的事儿?其实这就是一种理想吧……2006年写两家公司打架,其中一家要投21广告,虽然21的采编和广告完全独立,投不投都不影响报道立场,但我为避嫌故,要求沈颢拒掉这个单子。后果然拒掉……每次上海见他,住的都是报社广告换的酒店公寓。我还真不相信他个人有啥问题。"

甚至,他还转发了一条三个月前的微博,来表示对区别对待的不满。今年6月,中央巡视组反馈,新华社存在利用发稿权进行"有偿新闻"或"有偿不闻"的现象,但最终的处理结果却是,终止合作协议并退回350万元了事,然后就再也没有公布其他处罚。

类似的情绪,在21世纪网被查时,很多21世纪系的旧雨新知也曾表达过。但环球时报不这么看,他们认为沈颢被抓"其实并不让人意外":"21世纪网因新闻敲诈犯事,21世纪网总裁刘冬、总编辑周斌等一干人等,悉数被警方带走调查。因为新闻敲诈手段恶劣、波及面大、影响恶劣,该网已被吊销所有网站资质。虽说21世纪网在经济上独立核算,但毕竟与《21世纪经济报道》有着密切关联。如果没有《21世纪经济报道》在财经圈内的突出表现,该网也不会有这么大的影响力,也就不具备如此之重的敲诈的砝码。因此,作为《21世纪经济报道》的总编和总经理,被警方带走调查,也是一件正常的事情。"

并且,署名为王传宝的南京政治学院新闻传播系教授,今晨还对甚嚣尘上的打压之说予以撇清:"网上有一种论调,认为此次行动是打压南方系,甚至有一种幸灾乐祸的论调,要将南方系'一锅端'了。真是奇怪,在中国,所有的媒体都是党和政府的耳目喉舌,都必须遵守新闻宣传纪律和国家法律,从来就不存在着什么法外飞地。南方报业是在广东省委领导下的传媒体系,培养了大批优秀新闻人才。《21世纪经济报道》是个优秀的财经媒体,总编沈颢是一名业务精湛的新闻人,这点不可否认。但如果他有经济问题,就应被带走调查。央视2套有多人被带走调查,难道我们也会说是打压央视吗?"

的确,昨日社交媒体上几乎同时传出的还有央视时政新闻部副主任王晶被带走的消息,但依据澎湃新闻深夜采访却发现传闻并不属实:"9月25日22时许,澎湃新闻电话联系上王晶本人,确认其一切正常。王晶对谣言颇感愤怒,并再三强调,自己3年多前已离开央视时政新闻部了,目前在法治频道工作……一位央视内部记者向澎湃新闻确认,目前王晶的职位仍是社会与法频道副总监,并称'谣言太没谱了'。"

对比之下不难看出,对21世纪经济报道的处理,的确不一样。另一家同样可视为标杆的财经媒体财新网,昨晚对对手的变动即有详细披露:"消息人士告诉财新记者,此次在广州进行搜查的是上海警方,当时还通过南方报业的技术部打开了中央门禁系统,直接搜查了沈颢的办公室。由于上海市公安局新闻发言人办公室的电话无人接听,上述细节并未得到确认……另一名消息人士称,此次由上海警方负责侦办的21世纪网涉嫌新闻敲诈案,系由公安部统一部署,抽调了包括上海经侦和刑侦在内的多部门精干力量组成专案组,并由上海市公安局副局长陈臻挂帅指挥。"

黑云压城的预兆,沈颢或许早有感知。由出身《南方都市报》的龙志所率领的网易新媒体团队,昨日第一时间获知了沈颢的中秋节内部信:"9月8日,21世纪报系总裁沈颢在中秋节致员工的内部信中表示,心情如'铅一般沉重'。他称,'如果事与愿违,确有员工触犯法律、违背新闻道德伦理与职业操守,我们绝不能姑息或容忍。但在最终的调查或判决结果出来之前,我们将密切关注事态的发展'……邮件最后,沈颢向包括21世纪网在内的900多名员工表示,21世纪报系会走出转型的困难期;对于被警方带走调查的员工,'我们希望,无论那几位同事身在何方,都能保持身心健康;对于他们的家属,我们将尽力帮助他们渡过最困难的时期。我们相信司法公正,特别是程序公正的力量。'"

程序公正的美好愿景,沈颢自己也没能尝到。在这次报道中一骑绝尘的网易新媒体,同期即有免职信息放出:"多个消息源称,25日下午,南方报业传媒集团党委会宣布,决定沈颢、陈东阳免职,王义军、郭亦乐任21世纪报系党委书记、副书记。"

这让刚卸下《南都周刊》主编一职的@西门不暗感到"心寒":"警方刚刚介入调查,还有一大堆法律程序没走,集团高层不想办法保护员工也就算了,非得马上直接搞切割?这两人是《21世纪经济报道》报系能有今天的两大功臣,人未走茶就凉了。"

同样出身南方大院的@林楚方也在呼吁:"希望所有人,无论是被组织调查的高官,还是涉嫌敲诈的记者,无论达官显贵,还是市井走卒,无论谁,触犯法律,再小的罪,都该受到惩罚。同时,不管犯天大的罪,也都能享受法律允许的救济,规则允许的权益,能请到律师,能看见家属。往小了说,这是程序正义,往大了说,也是依法治国。"

不过,@王小山总觉得"做经济报道的,和政府官员一样,基本有罪":"做记者编辑的,拿过一块钱车马费的,有罪。利用职务拿过任何不该拿的钱的,都有罪。原罪,是指你一出生就带的罪。但在贵朝,无论你做哪行,都不得不犯的,就是原罪。"

《人民日报》旗下微信公众号"侠客岛"显然不同意@王小山的观点,搬来与之对决的是当今最高领导人1989年的文章《反腐从来不仅限于官场》:"有的人在抨击腐败的同时,他本身也在享受某种特权。可以看到,从接生到火葬,每一个环节都可能发生交易,都可能出现不正之风。听诊器并没有权啊!但它也可以产生交易;汽车上的方向盘也可以产生交易。"

来势汹汹的警方三地联动,网易在今日又有跟进补充:"多名目击者称,警方在25日,同时搜查21世纪报系北京、上海、广州三地办公场所,沈颢、陈东阳办公室亦在搜查之列,其中警方重点查询21世纪报系广告经营相关账目。"

上海市公安局官方微博今日午后也披露,"犯罪嫌疑人已被依法采取刑事强制措施":"9月25日,上海市公安局在广东等地公安机关的配合下,抓获涉嫌敲诈犯罪的《21世纪经济报道》发行人沈某、总经理陈某、主编刘某及相关经营人员等5名犯罪嫌疑人。"

形势越来越严峻,昔日的传媒偶像,如今的刑事拘留,怎么看都格格不入,也难怪@孙旭阳心有怨气:"将一个行业泛罪化,再辅之以官办道德委员会私行家法,软硬从容,生杀肆意之间,万马齐喑,四海升平,每一天都是胜利之日。"不过,同样出身于财经媒体的@thomasluo骆轶航对此并不认可:"我不难过,更不想声援。我对我曾经被迫在过的财经媒体圈,没一丁点留恋和富余的感情,就这样。"

沉默不语抑或心平气和,相比一些左派而言都可称之为平静。他们昨日感觉终于出了口恶气,所以言语间难掩一副快意恩仇的姿态。@老辣陈香即是喜形于色:"喜大普奔,到你不止。祸害多年,终于满盈……呜呼哀哉,普世情怀。就地'笑话',痛快痛快。"一向与南方系不和的@司马南也有吐槽:"几天没有新消息新进展,有人便开始蠢蠢欲动。他们总是过高估计自己,总以为背靠大树的南方系每一次都能扛过去。有人心脏不好把药找出来,看看这条最新的消息吧!"

"哀其不幸,怒其不争""恨不当日死,留作今日羞",这大约是原《南方都市报》评论员宋志标的态度,"南方报业的昨天:合道顺势而为,与党政关系,因为有力而取义,因为取义而以德胜,因为德胜而名声流布……南方报业的今天:旧习不入新势,与党政关系,因为力不相称,义不匹配,而德不彰显,因为德衰所以朽态横陈……对南方报业的批评:专于抨击南方德性,而盲于力之衰退,拙于义之表达,无视党贼遍地,屈从不测之恩威,诡称理性。"

在微信公众号"旧闻评论"中,这位文采斐然的评论员,极力压制着自己的情绪,留给樯倾楫摧的南方系的只言片语皆是字斟句酌:"以今日之非,葬昨日之是,郝然自辱,愚见而已。埋名自贱,其志不坚,却以为自固,无外乎输诚者也。"

表达过太多次,可谓话已说尽。时代变了,今日已非昨日,此时不同往时。更早之前,宋志标就有类似表述:"各种各样的清场,三年前还能续写的线索都在这两年断掉了,因为过去那些显著的人都如云散,张小龙代替程益中成为乱局中的传奇故事。"

是啊,这是一个崇拜张小龙甚于程益中的时代,这也是一个喜欢马云甚于沈颢的年代,自诩为新闻圣徒的沈颢们,实则不过是悲情的新闻赌徒,他们以自己的满腹才华与赤诚之心为筹码,与风云际会规则冷酷的大时代庄家对赌,多轮博弈之后,他们最终输了。(文:徐达内)

〉第二节 新闻改革与媒体人的本能

20 世纪 80 年代初,随着改革开放的兴起,新闻界的改革也逐渐浮出水面。1981 年初到 1987 年,虽然中共中央领导人对"新闻改革"一词仍处于矛盾状态[①],但新闻界已广泛使用该词。就媒体的内容生产来说,由于此时的政治环境阴晴不定,徘徊在"摸着石头过河"的边缘,政治场域本

[①] 中共中央总书记胡耀邦 1985 年 2 月 8 日在中央书记处作《关于党的新闻工作》的发言,提出了"真实性""时间性""知识性""趣味性"等改进新闻工作的要求,但提醒新闻工作不能照搬经济体制改革的方式。参见中共中央文献研究室编:《"十二大"以来重要文献选编·中册》,人民出版社 1986 年版,第 620 页。中共中央书记处书记胡乔木 1985 年 2 月 23 日谈到了"新闻改革",甚至谈到了"新闻体制和新闻宣传的多样化"和"新闻自由、出版法、新闻法"。参见《胡乔木传》编写组:《胡乔木谈新闻出版》,人民出版社 1999 年版,第 374 页。转引自钱钢:《导向·监督·改革·自由——透过媒体语词分析看中国新闻传媒》,《二十一世纪(香港)》,2006 年第 6 期。

身不够划一,生产者个人的资本与习惯甚至直接影响了最终的文本,如《中国青年报》率先进行批评性报道和社会热点问题探讨,《世界经济导报》也出现了一些探索性言论。1987年,新闻改革被纳入政治体制改革研究的论证议程①,党的"十三大"报告也提出了"重大情况让人民知道,重大问题经人民讨论"的指导方针。

对于这个时期的很多媒体来说,政治场域的弱化正好是媒介生产场域寻求自主的过程,在一个并不强大的"他治性的场域","借用的"权威正当性与"创造性遵从主义"的惯习一起努力。1979年,中国提出新闻改革,新闻立法也随即开始酝酿。1983年,作为全国人大科教文委员会副主任的胡绩伟接受了时任全国人大常委会委员长的彭真交付的一项重要任务,起草《中华人民共和国新闻法》,这种试图以制度来规范媒介生产的行为是媒介试图放弃"借用的"正当性,寻求独立性的一种努力。当然,因为这种制度性安排并不容易,所以在整个20世纪80年代,媒介生产的自主性过程不得不一次次借助国家权力场域中规则的分裂及官方意识形态的转型所带来的契机,如"恢复党的新闻事业的优良传统"。当然,这种借助造成了新闻生产中意识形态文本和专业主义文本的纠结,但我们依然可以在这种纠结中看到新闻生产场域的巨大发展。在新闻生产场域的推动下,一些没有被清晰定义的概念浮出水面,无论是新闻界的讨论,还是新闻界的实践,新闻生产场域在意识形态的笼罩下逐渐发芽,虽然媒介的内容生产无法脱离政治,但已经出现了去政治化的努力。这类媒介生产关注小人物,关注社会发展进程中的一个个画面,记录着历史。与此对应的是,1982年,社科院新闻所在受众调查和受众研究方面先行一步,改革开放以来首次按科学的方法论进行了北京地区受众调查;1985年,以此

---

① 吴国光:《赵紫阳与政治改革》,太平洋世纪研究所1997年版,第341页。转引自钱钢:《导向·监督·改革·自由——透过媒体语词分析看中国新闻传媒》,《二十一世纪(香港)》,2006年第6期。

调查为蓝本的《真实——新闻的生命》一书出版。①

当然,就当时的中国内部而言,对新闻改革该往何处去也有着不同的意见。有位权威人士说:"在国民党统治时期,制定了一个新闻法,我们共产党仔细研究它的字句,抓它的辫子,钻它的空子。现在我们当权,我们还是不要新闻法好,免得人家钻我们的空子。没有法,我们主动,想怎样控制就怎样控制。"可以说,20世纪80年代的媒介生产场域在政治的时阴时晴中磕磕碰碰地出现了。

1989年夏到1992年春,所有的媒体蜷居在一个完全"他治性的场域"中反省。20世纪80年代,新闻法最终没有颁布,有限的一些争论被笼罩上了政治人物的讲话。1992年春,邓小平的南方谈话打破了媒体蜷居的僵局,在大量媒体如雨后春笋般成立时,媒介生产场域内部的规则重建提上日程,1980年代媒体上盛行的大特写、"新闻要软一点"已经在新的社会关系中陷于困境。此时,与新闻界遥相辉映的是,新闻传播学界也参与到了媒介生产场域内部的规则重建中,新闻专业主义虽然在媒介生产的实践中已出现,但这时开始以学理的姿态切入媒介生产。此外,20世纪90年代,"引进市场机制"成为"在市场经济的条件下,加强党对新闻事业的领导,增强党的新闻事业"的改革步骤,新闻界普遍认为,经济的独立对媒介生产的独立场域大有裨益,对这种认识,学界也普遍支持。

不过,对主管意识形态的权力机构而言,"新闻改革"得以展开的空间有着明确的限定。传媒的市场化变革开始启动,报纸纷纷创办可能营利的"周末版",海外资本试探性渗入内地传媒,但改革只涉及资本运作。很多具体的改革措施仅仅是出自从业者们"创造性遵从主义"的惯习,常常以"非常规"实践的形式出现,经过"他治性的场域"的过滤后,有些淘汰,有些得以保留。新闻媒介是"党的宣传工具"这一基本原则在历届党的领

---

① 陈力丹:《新闻理论研究的回顾与展望》,《国际新闻界》,2004年第3期。

导人口中被一再强调,同样得到强调的是,新闻媒介必须接受党的领导,必须在政治上与党中央保持一致,必须遵守"党的宣传纪律"。潘忠党认为,以上这些都不属于新闻改革"应当讨论"的理论问题,如何在市场经济条件下实行这些基本原则才是应当探讨的。在实际操作上,坚持党的领导是增强新闻媒介的宏观规范与管理的基本出发点。"对改革的决策者来说,'新闻改革'并不是旨在以某一个已知的体制替换现存的体制,而是在现存体制的基本框架内引进一些充分体现这一体制之核心原则的新型运作机制。"①这种对新闻改革的构思不仅出现于意识形态的管理者身上,也出现在众多的媒介生产者身上,他们对媒体能做什么不能做什么异常清晰。较之 20 世纪 80 年代,这一时期的从业者因老报人的集体退场而丧失了与宣传部门的直接对话、协商,甚至抗衡的资本,媒介生产场域虽然比 1989 年夏到 1992 年春有所好转,但仍处于严格管制中。

1990 年后期演化为后威权主义的政治年代,由都市报引发的对普通百姓的报道成为潮流,虽然新闻改革主要体现为非政治领域内及印刷与装帧上,但在意识形态之外,媒介内容毕竟和人民的生存状态联系起来了。与此同时,新闻院系专业也因传媒业的壮大而壮大,一批具备了社会科学背景的新闻传播学者加入了媒介的"专业主义运动"。当然,这种"专业主义"仍然要在"他治性的场域"中进行,因此,大部分的媒介集团进行了技术性的处理,即母报对上、子报对下,或在一张报纸上进行版面分割,头版和重要的版面对上,另一部分版面对下,甚至在此基础上演化为"假头条"的模式来应对"仪式性公共领域"的职责。吴飞、丁志远认为,受文化、社会体制和个人教育等因素的影响,新闻从业者现今并没有形成牢固一致的专业理念,新闻和严格意义上的专业之间还有较远的距离,而与和

---

① 潘忠党:《新闻改革与新闻体制的改造——我国新闻改革实践的传播社会学之探讨》,《新闻与传播研究》,1997 年第 3 期。

新闻专业主义联系甚密的新闻传媒教育虽然在中国有很大的发展,但还没有从新闻从业人员处获得足够的尊严和较高的评价,目前来看其对新闻专业主义的贡献也非常有限。①

就观念层面而言,秦志希认为,新闻关键词的演变本身就代表着不同意见的论争,虽然论争过程不乏简单、偏执或政治化的批判态度,但是总体而言还是显示了与改革开放的新时期相适应的从容与大度。② 改革开放以来,"文化大革命"前从事新闻教学和研究的人最近开始成批地退休,20世纪八九十年代培养的新闻学博士、硕士开始陆续接替老一代人,成为教研人员的主体。他们的视野比老一代开阔,知识结构合理,带动着新闻传播学的研究走向较高层次的规范化。③ 一方面,"恢复党的新闻事业的优良传统"的重新阐释使得媒介生产获得了历史传统的合法性支持;另一方面,新闻界、学术界与国外交流的机会也显著增多,包括著名的哈佛尼曼学者奖都不乏给中国记者的机会,中国新闻界,尤其是大型媒介集团普遍感受到发达国家媒介生产的示范性压力,《新闻调查》的创办便是一个生动的案例。在体制层面上,与国际接轨的呼声也此起彼伏,新闻界、学术界对新闻法出台的集体呼吁,言论自由和新闻自由不仅要成为媒介生产实践中的一种信念,而且这种信念还需要以法律的形式加以确认和保障。比如信息自由法、新闻伦理、诽谤法、隐私法与公众人物的定义,对"吹哨人"④的法律保护等。

当然,无论是观念层面还是体制层面,虽然中国的媒体改革都无法给

---

① 吴飞、丁志远:《新闻教育与新闻专业主义理念的建构》,《浙江大学学报(人文社会科学版)》,2007年第6期。
② 秦志希:《由新闻学关键词看新时期新闻理论的变迁》,《新闻与传播研究》,2001年第3期。
③ 陈力丹:《近十年中国新闻传播研究的基本情况》,《中国青年政治学院学报》,2001年第1期。
④ "吹哨人"即秘密消息来源,权力滥用行为的举报人中的一种,他们往往是重大舆论监督报道的引发者。

媒介生产提供专业主义的体制性保障和正当性权威,中国的媒体从来也都没有摆脱期待"垂青"的心理,但那个时代还是对特定社会背景下的媒介生产场域及其背后的权力斗争关系作出乐观主义的阐释:由于多年身处改革真空地带,媒介生产至今仍是一个生涩的专业,但在生产者日益丰厚的资本与习惯的支撑下,新闻专业主义的理念正在形成。得益于通讯技术的发展,新的专业共同体在跨行业、跨地区,甚至跨国基础上形成,推动历史的进程和职业共同体的归属感是媒体生产的新动力。对一些以"第四权力"为己任的媒体而言,政治场域仅仅限制了不能做的新闻类型而已,但不能约束其发展方向。迈入 21 世纪,媒体的言论版被放大为新的公共领域,与"仪式性公共领域"并存。因此,虽然还很难说新闻界已是一个非常专业的从业群体,但正如中国的经济得益于世界发展的大潮流,中国的媒介生产场域也发生了明显改观:在部分媒体人的努力下,新闻从革命的话语逐渐还原为信息的话语。当然,文本与事实的剥离也是中国新闻改革的一大特色。

胡舒立为何与《财经》决裂

位于北京东二环外交部附近的泛利大厦,联办买下了几层楼。在王波明杂乱简朴的办公室斜对面,是一间置有长形圆桌的会议室。他把一米八的身体窝进靠椅,双腿搭在圆桌上,后背将靠椅压到接近圆桌的水平面,指间烟雾缭绕。

那是 2009 年 10 月底的一天,胡舒立说服《财经》杂志 172 人中的 127 人另起炉灶,甚至包括前台保安。被釜底抽薪的联办,决定为这场罕见的集体跳槽做内部说明。但对与会的《财经》记者编辑而言,联办强硬的书面回应及会场姿态,与站在道德制高点及作为新闻标杆的舒立形象形成了鲜明对比。

这里给外界的印象,有着贵族气质,略带国企特征。像程益中、杨斌、王小山和我这类草根新闻人,在离开《新京报》后相继转投联办,一度难以适应。僵化的集团行政要求员工必须穿正装,我跟王小山常因穿大裤衩而被视为另类,赶上集团行政前来检查,同事会帮忙圆场:"这人是来送快递的。"

其实,外交官之子向来自由散漫,一名下属王安在书中这样描述王波明:"只要不是正式场合,王从不打领带,在沙发上全无坐相,必跷二郎腿,必一会儿就出溜下去,然后再顽强地挺上来,循环往复,乐此不疲。"他逃避纽约交易所的高薪生活,放弃中国证监会的仕途机会,舒立走后,他写下唯一一篇被业界存照的署名社论:"我们不但要自觉地回避被商业利益影响和侵蚀,更要抵制施加于我们身上的不当管制。"他讨厌一切有形无形的束缚,包括女人。

1998年,胡王二人走到一起,准备办一份杂志。舒立提出了两个条件:永远不能干涉她的编辑部,并且提供一份200万元的采编预算。双方一拍即合。别看现在的《财经》是一头现金奶牛,"可在1998年,两三年没广告,我说养着,"波明回忆。

早年,双方对"名利"有清晰的界限,新闻人除了国内一流的采编费用,坐拥享誉国际的"名";投资者则拿走年均六七千万的"利"。但与《财经》的时代贡献相比,这点名利根本不值得一提。从《基金黑幕》到《银广夏陷阱》,从《SARS何来》到《谁的鲁能》……毫不夸张地说,《财经》的尺度就是中国媒体的最大尺度,亦是独立思想与改革精神的共享平台。

以银广夏为例,这家上市公司曾被多名领导人视察并获得赞许,加之保荐人又是王波明的胞兄王东明所在的中信证券,王波明担心报道可能导致《财经》关门,或胞兄公司重大损失,于是电话求助王岐山:"报道绝对真实,但会带来政治上的影响。"对方答复:"如果是真的,就出吧。"甫一报道,银广夏股票及其高管命运双双"跌停"。

从这一点上讲,波明与小京均有难能可贵之处,即很少干预编辑部工作,尤其是不派题、不审读,以真实性作为决定稿件生命的唯一标准。跟小京的精彩脱口演讲不同,波明需要有书面发言,否则就像脱缰的野马。他偶尔会流露自己对新闻的理解,并回忆在唐人街给《中华日报》打工的经历,体会"无冕之王"的快感。这就好比一名老妇人不断重复自己年轻时有多漂亮。

波明的人脉纵横交叉,命运跌宕起伏,比如父辈同遭迫害时的同居发小如今已经登上权力之巅;儿子的母亲是一位冤死的国家元首之女……他的矛盾之处还在于,今天跟美国总统同台指点江山,明天又要亲自面对一名宣传处处长的训斥。

当然,也很难找到像舒立这样的敬业者,她的每一则报道都在修正她对笼子尺度的计算,更重要的是,她能将联办所有的资源转化为自己的资源,将新闻专业主义发挥到极限,以至于2012年之后她强大到足以与投资人叫板,索要七成的股权及"三位一体"的职位。

文人、商家与政客的混合特质,决定了这宗买卖不可能成功,最终成了决裂。

程益中曾对《纽约客》说,孙志刚事件是对警察权的部分否定,而《财经》的话题没有影响到根本的统治体制,"因此它相对安全。我不是在批评胡舒立,但《财经》在某些方面是在为一个更具权力或一个相对更好的利益集团服务"。

承认体制权威,然后谨慎监督它改良它,这种策略决定了《财经》的过人之处,也意味着它的局限性。胡舒立以比喻回应:《财经》是一只啄木鸟,不是为了把树击倒,而是为了让它长得更直。

在胡王二人决裂之时的一天,法满带着我跟波明进行了三个半小时的长谈,他说这是他第一次完整讲叙事情的来龙去脉。这次谈话使我做出了留守《财经》的决定,切合杨海鹏对我的劝说:"中国能造导弹的记者很多,而能提供导弹防御的媒体很少,联办无可替代。"

其实废墟重建比打砸招牌更为艰难。当数年后《公共裙带》《连氏无间道》以及安元鼎、马三家等陆续问世，我更坚信一点，程益中的话不全对——安元鼎、马三家这类报道不会发表在以前的《财经》，这本杂志的DNA不全是胡舒立，更有关王波明、戴小京。

在举报刘铁男的那个下午，未接到的巨量来电包括波明的一个，有人带话要我去找他。我在15时56分发出一条短信，未见回复，于是打电话做了说明。他没有表现出任何责备之意，只是问，证据可不可靠？这是他一如既往关心的核心要点——不怕闯祸，但怕丢人，报道的东西再敏感，只要证据够硬，他能找到解释的理由。

挂掉电话之前，他都没问我的动机。当天晚上，正是《财经》年会庆功宴，据同事后来描述：波明端着酒杯在人群中穿行，然后不断地说："太大了，这事太大了！""怎么还有这样的玩法？"

有人将他们称为"新闻玩票者"，或许更准确的表述是，他们介于体制内与局外人的边缘，置于家国变革与拥抱世界的中线，并努力充当沟通者和翻译者。我更感兴趣的是，当他们两鬓泛白之时，少小玩伴与早岁同僚正如日中天，他们是否还记得初心？能否接受批评与监督？会否固化为更强大的既得利集团？

一个刘铁男，一块试金石。（作者：罗昌平）

第三节 后"后发劣势"时代的突破

用经济学家杨小凯的"后发劣势"来形容中国媒体的产业化进程可谓恰到好处。对中国大陆而言，信息的匮乏和大众对信息的需求造就了媒体日后的蓬勃发展，20世纪80年代的大众对书和信息的欲望推动着整个新闻业的发展,媒体的发展可谓一日千里,彼时,报纸、杂志是否专业并不重要,创办媒体所需的资金量也不大,商家对媒体的需求也非常强大,甚至内容的粗糙都不妨碍媒体赚钱。在一块几乎"一穷二白"的领域里,媒介的发展迅速且得意,但问题在于一切来得太容易了。的确,互联网及自媒体引爆了传统媒体盈利方式的崩塌,但在此之前,传统媒体却并未在新技术的强大影响力前调整过自己的发展方向,从而导致了单一的盈利模式被切断后的"雪崩"。随后,在生与死的较量面前,有媒体凤凰涅槃,有媒体选择结束,而在突破的那些媒体中,所选择的方向也开始出现了历史性的分化,即媒体的内容生产从同质化走向异质化、专业化。

我在财新传媒启动仪式上说了什么

那天是周四,我们在北京的万达索菲特七层举行启动仪式。财新传媒从去年年底就起步了,不过按市场惯例,要正式揭牌得选最佳时机。经营部的同事们认定3月下旬正是这样的日子,选了25日下午。仪式从3点半开始。我讲了些想法,辑录在此。网上也有视频,有兴趣的可以看看。前路漫漫,往前走吧。

我们的团队在奋斗10年之后,今天携手新老朋友,迎来了财新传媒新的扬帆起航。十载财经,察微知著,激浊扬清。在新的媒体平台上,我们想要做些什么?我们已经做了什么?我们还有什么样的愿景?希望今天借此机会,与大家分享。

我们想做什么?首先是继承,延续财经新闻人的追求。这就是坚守新闻专业主义的理念和操作,提供有深度、高质量、可靠的新闻内容。作为职业新闻人,我们相信这种努力在转型期的中国是可能和可行的,有价值更有需求,而其进展关乎中国的未来。

过去和现在,我们依托的都是同一支采编团队,亦即当年的财经核心创业团队和随之发展壮大的整体团队主力成员。这支团队价值共享、精诚合作、富有献身精神，也代表了业内比较高的专业水平。作为团队的带头人之一，我一直为这样一支团队感到自豪，也格外珍惜。在这个意义上，财新一如当年的财经，将依托这支采编队伍，关注中国的改革、关注市场经济建设的走向；并站在社会公众的立场，选取客观公正的角度，通过对重大经济和社会现象的阐释和解读，来实现这种深度的介入、深切的关注。我们的今天是对昨天的继承，一如既往，一以贯之。

不过，继承的同时还要创新。这就是财新之"新"的另一重含义。我们不但处在中国社会艰难转型的新时期，亦处在世界媒体行业转型的大时代。这个时代最明显的特征就是全媒体。在以网络为代表的新技术浪潮推进与市场竞争推动下，新型的传媒平台不仅要实现新闻资源最大化，而且承担着更丰富、更广泛的传播启迪使命，这要求我们从起步之初就搭建全媒体架构，编织全媒体愿景；要求我们对新技术、新思维、新需求，以及代表这些新技术、新思维和新需求的人才高度敏感，敞开怀抱；要求我们具备传播上的形式创新、技术创新、商业创新和制度创新。

秉承这一构想，我们正在重新审视现在的读者需求，分析和评估现在的市场环境带来的新机遇、新挑战，力求通过期刊、网站、视频、图书、会议等多种形式，实现更快更多元化的新闻传播，建立全媒体平台。这包括《新世纪》周刊、《中国改革》月刊和财新网，也包括一系列其他新媒体产品，例如视频新闻、手机资讯服务等，有些已经初见成果。另外，财新传媒的图书出版、高端会议活动也已经与广大读者见面。如今，财新传媒还在广招人才，特别是有志于创新的高端人才，共创新媒体全媒体时代的佳绩。

信息业的发展日新月异，变化中坚守不变的是我们一贯坚持的编辑方针：客观公正地对中国经济社会重大事件做出报道，对相关事件发表独立的评论，并且对不同意见给予充分的讨论机会。为了保证"新闻为公"这么一个基本原则，不至于受到权力和商业利益的侵袭，我们成立了以吴敬琏先生领衔的公信力委员会，稍后将正式与大家见面。

中国的改革开放到今天为止，经历了30多年的曲折前进，在经济建设上的确已经走在世界前列，但在发展模式上面临着更加繁重的改革任务。在政治体制改革方面更有诸多有待破题的领域，改革开放远没有完成，我们的社会仍处在转型过程中。因此，无论现在还是未来，对改革开放之路和社会转型过程中重大事件的观察和解读仍是我们的使命，通过记录和反映转型时期生活中的重大变化来推动改革进程，仍然是我们的责任。

围绕转型社会中的重要性和根本性问题，我们将持续不断地发出我们的声音，促进信息的传播、理念的渗透、观点的澄清、真相的了解。我们将继续提供一个公共舆论的平台，通过专栏、采访、活动，提供讨论的空间，从而推动中国公民社会的建设。

讲到这里我想复述一下学术顾问汪丁丁的一段话。我们对于中国转型期社会根本问题的根本立场，也即我们对"中国问题"的立场是："既坚持效率原则又坚持正义原则，既赞同市场化改革又批判市场之弊端，既要引领潮流又要批判社会。我们认为，一个没有批判的市场经济不可能演变为健康的市场经济；同理，一个从不反省的自由社会终将失去自由。"最近，在财新传媒启幕仪式前夜，我又请丁丁就媒体发表观察和感想。他的话仍然对我们大有启发。他提出，在全媒体时代，当每个人都被接踵而至的信息所簇拥，当人人都可以享有"信息自由"的同时，鱼龙混杂的"信息风险"也应运而生。真正的信息自由意味着不再有"权威"，大众必须自己作出判断。因此，只要大众和媒体仍处于"简单主义"的思维方式之内，就不可能享受全媒体带来的信息自由。因此，"我们这样的精英意识群体可以做的，就是教育民众和大众媒体，帮助他们学会复杂思维，学会批判性思考"。

结合丁丁所谈，我想我们财新传媒未来的使命已经相当清晰，我们的宗旨，可以在当年"独立独家独道"这个"三独"方针的基础上，再加上10个字：公信力，全媒体，拒绝简化。这其实也是我们财新传媒主编王烁在内部有过多次的一个表述，即：我们承认中国问题的复杂性，但寻求超越。

大家对此一直深以为然。

　　10年前,我们自问:推出一本具有时代感的高质量财经新闻杂志,我们能做什么?能不能做好?我们这个团队不懈的努力和矢志不渝的追求对这个问题做了回答。10年吐丝财经路,一朝破茧财新人。今天,在新的媒体平台上,我们仍然在自问:如何超越自我,在漫漫改革之路上留下什么样的脚印?

　　新的问题有待新的思考和探索。不过可喜的是,我们有了更多的动力、机会和创造力,也获得了更大的空间。我深知在过去和将来,我们都离不开各位友人的热情相助,我也被这种理解、关切和支持所感动。各位朋友,我诚挚地邀请你们,携手财新传媒,一起开始我们新的航程!(文:胡舒立)

　　2016年6月21日,中国社科院新闻所发布《新媒体蓝皮书(2016)》:2015年中国传媒业市场发生了革命性变化,互联网媒体广告收入首次超过电视、报纸、广告和杂志四家传统媒体广告收入之和,从市场规模来看,互联网媒体成为真正的主导,而传统媒体则更佳式微。在这样的背景下,2016年下半年,东方卫视在一档真人秀节目发布会上透露,东方卫视2016年上半年广告增幅高达82.57%;《深圳晚报》2015年的全年收入就已较上一年增长6%,2016年第一季度,广告比去年同期又增长48%;2016年4月,《新京报》旗下微信公众号"新京报传媒研究"发布文章称,《新京报》报社下属10个行业部门,第一季度任务完成率同比去年逆势增长22.71%,行业部门新媒体收入增长了135.2%,取得了2016年的开门红。这样的业绩,还不包括《新京报》新媒体平台中新闻等其他项目的收入。① 对此,《新京报》传媒研究院常务副院长朱学东认为,《新京报》所做的是与新闻信息属性相关的产品,而不

---

① 李广:《都说传统媒体收入在跳水,为何这三家却逆势涨涨涨?》,蓝媒汇,www.lanmeih.com/a 630013326753,2016-06-25。

是房地产、电子商务、游戏等。这也就从侧面反映了当下媒体市场的出路,即不盲目、不跟风,走专业的道路,做专业的信息传播,并在此基础上收获市场回报。

从当前欧美市场现状来看,传媒业的马太效应已经非常显著,这对中国绝大部分处于"探索转型"的媒体来说,是个不能回避的命题。虽然目前只有市场化的媒体退场,但显然这只是个开端。

在《亚洲教父》①一书中,史达威②对新马泰印(尼)菲的着墨甚多,他以这个带有"罗曼蒂克神话"的名词,以形容"家长式统治、大男人主义和冷漠高傲"的亚洲巨贾。他认为,与西方社会的企业家不同,亚洲巨贾只知道设法获取垄断地位,然后削减成本提高边际效益率,绞尽脑汁缴纳最少的税款,而后者则必须在自由市场下竞争,必须培养、聘请一流人才拓展市场,进而对商业社会做出贡献。史达威认为,亚洲巨贾是那些有权无钱的政客与有钱无权的商人互补不足、合谋牟利组成无形"财阀集团"(Plutocracy)的重要人物,他们成为攻守同盟,垄断市场、操纵价格、避免竞争、围标政府合约,并千方百计取得垄断。早在 2006 年,钱钢就已对这一现象发出过预警,因为这"可能培育出世界上独一无二的传媒恐龙,它政治色彩浓重,又独占'暴利',公平竞争的规范对它失效。在一批批冒险家成为牺牲品后,少数国内、国际的巨型资本,通过交易获得'分肥权'。权力和资本共同控制传媒的严重问题,已现端倪。期待市场化改革会自然带来新闻自由,是不切实际的想象。当金权合谋,完成'跑马圈地'之

---

① Joe Studwell(2008), "The Asian Godfathers-Money and Power in HK and Southeast Asia", *Atlantic Monthly Press*.
② 史达威于 1997 年创办《中国经济季刊》(CEQ),20 世纪 80 年代开始在亚洲(主要是香港和北京)从事新闻工作;20 世纪 90 年代,他替《经济学人》的商情部门(Economist Intelligence Unit,EIU:一度被内地认为是情报机构)写过大约 10 本与中国经济发展有关的小册子,算是"中国通";2002 年,他的《中国热》(*China Dream* 的台湾译名),1 年内再版 3 次,在关于中国市场信息的书刊多如牛毛的书市,足见该书言之有物,大受市场欢迎。

后,新闻业的改革将更加艰难"①。

然而,虽然中国当前也不乏这样的传媒集团,但我们也清晰地看到,当互联网及其所携的自媒体带来对每个细微个体的关注时,只有走专业化之路且定位非常清晰的媒体才能最终获得受众的持续性关注。从这个意义上来说,对中国媒体而言,始于20世纪末的传媒集团化浪潮并非真正的市场化,真正的市场化始于互联网席卷后传统媒体开始倒闭的那天。

那么,真正市场化的媒体会如何捕获发展契机?当前理论界和传媒业界普遍认为,传统媒体的衰败与新媒体的发展及其对传统媒体的蚕食相关。因此,提出的对策、解决方案多为业务形态的转型,致力于新媒体业务方向的发展、转型或传统纸媒自身的发展转型。这些方面的努力,都是纸媒"向外求"的策略,而除了"往外求",媒体还有哪些机会?

皮尤研究中心公布的《2014年新闻媒体状况》显示:人口结构促进新闻业变化。报告认为:美国人口结构的巨大变化无疑将对美国的新闻业产生了影响,而在增长最快的拉丁裔人口中,我们已经看到了这种转变。2002至2012年间,美国的拉丁裔人口已经增长了50%,达到5 300万人。多数增长都来自美国本土出生的人口,而非新移民,这一点与之前几十年有所不同。因此,越来越多的拉丁裔美国人是在美国本土出生的,能够流利使用英语的人也在增多。为了应对这一趋势,越来越多的大众媒体公司——包括ABC(美国广播公司)、NBC(美国全国广播公司)、福克斯和《赫芬顿邮报》——启动了西班牙语业务。2010年以来,美国共出现了6家西班牙语的全国性媒体,其中都能看到大众媒体公司的身影,有的是全资控股,有的是参与合作。

在《2015新闻媒体现状》中,皮尤研究中心再次指出:本地和网络电

---

① 钱钢:《导向·监督·改革·自由——透过媒体语词分析看中国传媒》,《二十一世纪(香港)》,2006年第6期。

视新闻的情况有所好转:尼尔森媒体研究中心的数据表明,2014年收看晚间网络电视新闻的观众比2013年上涨了5%。傍晚和早晨时段本地新闻节目的收视率也连续第二年攀升,2014年的广告收入则上涨了7%,达到近200亿美元。2014年本地电视的广告营收和报纸的基本持平。与上一年"人口结构促进新闻业变化"结合起来,我们可以将中国当前的人口结构变化融入到未来的媒体发展策略调整中去,进入"对内"的媒介内容革命(而非仅仅为新媒体业务方向)。

与欧美发达国家极不相似的社会背景是,中国依然是一个处在急剧转型中的国家,城市(尤其是特大城市)的发展、变化日新月异,无论是原住民还是新移民(包括第二代、第三代农民工,他们都希望留在城市),都对社会系统有着急切的认知欲,但显然这种认知欲并没有被今天的媒体所满足。由于中国纸媒的衰落时间与互联网的兴起、新媒体对纸媒的冲击时间重叠,这些深层次的结构性因素被忽略了。因此,突破当下流行的新媒体冲击论,从社会变迁的视角切入来观察未来的媒介内容生产,有助于厘清传统媒体的发力点。

第六章 / 走向社区：传统媒体的转型之一

在许多人文主义者眼中，社区并不是一个客观现实的存在，而是一个需要追求且亟待实现的目标。由于工业化的发展，传统的社会关系衰弱，学界出现声音呼唤共同价值的达成和社会关系的凝聚。1919 年，美国的女社会活动家玛丽·弗莱特（Mary Follett）首先提出"社区是一个过程"的概念，强调通过社区成员的共同努力来创建社区，强调人与人之间的互动对于推动社会前进的重要性。

〉第一节　社区与社区传播：概念、历史、发展

社区一词最开始进入学科领域，源于德国社会学家滕尼斯发表的著作《社区与社会》（*Gemeinschaft und Gesellschaft*）。其中德文 Gemeinschaft 一词可译作共同体、团体、集体、公社、社区等，表示一种基于协作关系的有机组织形式。滕尼斯之所以提出与社会相对应的社区这一概念，是为了强调人与人之间所形成的亲密关系，以及这种亲密关系所带来的共同精神意识。滕尼斯在书中指出，"社区"是基于自然意志（如情感、习惯、记忆等），以及血

缘、地缘和心态而形成的一种社会有机体。① 在社区中,社会关系的基础是包括感情、传统和共同联系的自然意愿,其特点表现为人们对本社区的强烈的认同感和归属感。自滕尼斯以来,社区的概念主要经历了从"社会类型"到"地域社会",从"人文社会组织"到"社会网络"的一系列演变和发展。

"社会"却不同于此。社会是基于人们的理性意志和主观利益之上的理性意愿所形成的组织,其特点是人们没有或较少拥有认同感,普遍保持情感中立和社会成员之间的片面交往。② 随着工业化和城市化的进程不断加快,社会也经历着重组和发展,以美国芝加哥大学社会学派为典型,社会学家们开始更加关注城市社会的群体组织和内部分工。也正是在"社会"不断发展的基础上,社区概念也开始超越地域限制,具有了更多维的内涵。20 世纪 20 年代美国社会学家查尔斯·罗密斯(Charles Loomis)第一次将滕尼斯的作品翻译成英文并命名为 *Community and Society*,首次将 Community 和 Gemeinschaft 相对应。英文单词 community 源于拉丁语 communitas,有"共同性"或"社群性""联合"或"社会生活""地域性"等意。美国女社会学家杰西·伯纳德(Jessie Bernard)则提出将社区概念分为"一般社区"(Community)和"特定社区"(the Community)。前者是"最基本和最广泛"的社会学分析单元,包含着社会互动和社会纽带两个要素,而后者则将地域性作为一个基本因素。③ 英国社会学家马格瑞特·斯泰西(Stacey, M.)则在 1969 年发表的论文中挑战了"社区"的概念,认为这是一个"非概念"(Non-Concept),而主张将一个以地域为基础和联系的组织称之为"地方社会系统",由此更便于逻辑和理论的系统演绎推理。④ 20 世纪 80 年代末,菲利普·库克(Philip Cooke)主张用

---

① Tonnies, F. (1887), *Gemeinschaft und Gesellschaft*. Leipzig, p. 98.
② 杨冬艳:《论社区概念及其演进中的价值诉求和伦理意蕴》,《中州学刊》,2006 年第 5 期。
③ Bernard, J. (1973), *The Sociology of Community*. Glenview, Illinois: Foresman Publisher, p. 38.
④ Stacey, M. (1974), *The Myth of Community Studies*, Bell C & Newby: Frank Cass, p. 69.

"局域"作为社区的一个替代术语,强调地域对于社区的规划和指导作用。库克认为社区一词往往注重某一特定地方居民的整合和认同,重视其稳定性和持续性而不考虑其创新和变化。而"局域"的概念可以有效减少这方面的负担和争议,利于人们用新眼光看待特定地域的变化。[1]

由此,偏向于"地域社会"的研究方向流行于学界。而在社会学界,也同时存在着偏向"关系价值"的社区研究方向。这个方向的讨论重点一方面是"社区是什么",另一方面是"社区应该是什么"。两者的不同在于定义的时候价值判断的糅杂程度不同。1987 年,美国心理学和社区教育学家斯特克·派克(Scott Peck)提出了"真实社区"(True Community)的概念,认为一个"真实社会"的形成是由一个"虚假社会"经过"混沌"和"纯化"发展而成的。后来,教育学家伍德(G. S. Wood)和朱迪基斯(J. C. Judikis)在此基础上提出了"真社区"(Real Community)、"准社区"和"假社区"的概念,并提出一个理想主义的社区蓝图,由此判断和分类其他正在成长和形成的社区和紧急情况下临时形成的社区。这个具有理想主义色彩的"真社区"的定义是"一个具有共同目标或利益诉求,由此产生互相之间的责任感和联系的人群。成员之间有明确的关系和任务,但同时尊重内部的个体差异,共同致力于相互的福祉以及群体整体性的福祉"。而"准社区"和"假社区"都尚未达到这个标准。[2] 在许多人文主义者眼中,社区并不是一个客观现实的存在,而是一个需要追求且亟待实现的目标。由于工业化的发展,传统的社会关系衰弱,学界出了呼唤共同价值的达成和社会关系的凝聚的声音。1919 年,美国女社会活动家玛丽·弗莱特首先提出"社区是一个过程",并强调通过社区成员的共同努力来创建社

---

[1] Cooke, P. Localities(1989), *The Changing Face of Urban Britain*, London: Unwin Hyman, p. 154.
[2] Judikis, G. (2002), *Conversations on Community Theory*, West Lafayette: Purdue University Press, p. 35.

区,强调人与人之间的互动对于推动社会前进的重要性。①

由此,社区的概念和理论的发展经历了"科学主义"和"人文主义"视角的锤炼,逐渐形成了"关系价值"和"地域社会"两种研究方向。两者在发展过程中也有交叉或融合的空间,但总的来说,前者所主张的"社区"更强调认同感、公共性和群体精神,但无法解释现实社区中可能存在的价值冲突和矛盾问题。从后者来看,社区的存在需要一定的地域空间,可是限定地域的是微观社会结构还是内部人际关系,学界尚未有统一的结论。

互联网出现后,跨地域空间的社会联系加强,越来越多的学者开始关注非地域性网络和社会资本。1980 年,法国社会学家皮埃尔·布迪厄(Pierre Bourdieu)发表了《社会资本随笔》(*The Forms of Capital*),正式提出了"社会资本"(Social Capital)的概念。他提出"场域"作为各种位置之间存在的客观关系的网络和构型,是由不同的社会要素联结而成的。②不同的社会要素通过占有不同的位置而在场域中存在和发挥作用。这一概念应用至社区,不仅使社区的概念立体、丰富起来,还促成了两个不同取向的"社区"概念逐渐走向融合。如今,社区不再只能依赖于某一方面的特性而成形,而已成为多因素共同构建的社会网络。尽管社区的含义和研究内容随着时代变化而变化,但其基本内涵和特征并没有改变。第一,社区注重体现一种较为亲密和直接的人际或群体间互动;第二,社区强调认同和归属意识以及它们在社会活动中的作用。

在美国,"社区新闻"一词最早出现于 20 世纪 50 年代肯尼斯·拜尔利(Kenneth R. Byerly)的课程中。他提出,不是所有的社区新闻都在乡村,也不是所有的新闻都是周报的观点。随后,拜尔利于 1961 出版了《社区新闻》(*Community Journalism*)一书,为 20 世纪中期在各城市社区和

---

① M. P. Follett (1919),"Community is a Process", *Philogophical Review*.
② Bourdieu, P. (1986),"The Forms of Capital", *Handbook of Theory and Research for the Sociology of Education*, pp. 241-258.

乡村小镇的报纸出版提供了相对全面的指导。比如如何报道不同的当地新闻(事故、教育、讣告等),如何编辑社论版面(社论、读者来信、为社区提供服务信息等),以及如何管理报纸的商业运营(公共关系、广告、发行量等)等。此书为后来的社区新闻学者加强了社区新闻理论研究中"与受众的接近感"的概念①。

新闻学者吉恩·伯德(Gene Burd)更是在1970年提出新观点,认为将"社区"和"新闻"两者隔开是一种矛盾的行为,因为美国社会就是凭借一个个社区建立而成。如果社区新闻只指小镇新闻,那么这将反映一种反城镇化、反大城市的偏见。根据社区新闻学者乔克·劳特罗(Jock Lauterer)的调查显示,在美国,97%的报纸都是社区媒体。②

鉴于社区之于美国社会的重要性,美国社区媒体的研究者们普遍认为,研究社区新闻就是在研究新闻媒体和它所服务的社区之间的关系,比如新闻和社区之间有多大程度的连接性。美国国家新闻协会(The National Newspaper Association,NNA)对社区新闻的定义强调社区媒体服务特定社区的特点,而社区则被定义为一个有共同归属感的群体,由此可见社区媒体在社区群体之间的沟通程度之深和相互影响之大。1989年,保尔·J·拉瓦卡,Paul J. Lavrakas)和杰克·K·霍里(Jack K. Holley)在研究媒体报道和对政府选举的影响时发现,市民受到当地报纸的影响会比受到全国报纸的影响要大。③ 而2004年在哥伦比亚大学和纽约大学召开,由社区新闻中心主办的一场社区新闻全国联会上,学者们也达成了"越是紧密的社区媒体报道对社区协调更好"的共识。④

---

① Byerly, K. R. (1961), *Community Journalism*. Chilton Co. p. 61.
② Lauterer, J. (2005), *Community Journalism* Relentlessly Local, University of North Carolina Press. p. 99.
③ Lavrakas, P. J. (1991), *Polling and Presidential Election Coverage*, Sage Publications, p. 128.
④ Journalism, C. f. (2004, Oct. 10), *National Consortium on Community Journalism*. Retrieved from www.oswego.edu/ccj.

以社区为基础的传播学研究也有所发展。自 1998 年起,桑德拉·鲍尔-洛基奇(Sandra Ball-Rokeach)带领的南加州大学安能博格传播学院(Annenberg School for Communication)的一个课题小组在以人口、文化的多样化而著称的洛杉矶市展开了一项试图弄清在 21 世纪如何建设地方社区的大型研究。① 该研究关注移民的社区归属感,并探讨了有关传播技术与城市社区的一系列问题:是什么赋予居民以培育市民社会的凝聚感?当下的社会结构是否有利于培育有效的城市社区?经济全球化、文化多样化和科技变迁这些因素对社区环境以及让人们心有归属的社区的形成有何影响?今天的城市社区有哪些互相"讲述"有关其"趣闻轶事/故事"的机会?地方传媒与社区组织者如何才能帮助居民谈论其社区?社区"趣闻轶事/故事"(或者这种行为的缺失)如何影响居民的社区归属感?如何应用传播资源服务于人们心有归属的社区的形成?当居民感到同社区分离并难以采取集体行动,因而冷漠笼罩社区时,如何赋予社区新的活力?②

2013—2014 年,我们的课题组对珠三角地区的广州、佛山、深圳、珠海、中山、东莞这六个城市的调研显示:社区的稳定性不足已成为城市整合所面临的最大难题,如犯罪率上升、城市管理难度加大等;对于企业来说,共同体的缺失直接导致用工困难,以往凭借血缘共同体、地缘共同体来完成的招工已解体,新的共同体尚未建构;而对于城市外来者而言,共同体的缺失导致了其社会关系的断裂,外来者无法完成自身的社会认同,失序开始出现。③

在中国,城市整合通常被视作公共管理问题。学者们通常将农业转

---

① 王晨燕:《鲍尔-洛基奇的传播基础结构理论分析》,中国传媒大学第二届全国新闻学与传播学博士生学术研讨会会议论文。
② 同上。
③ 如我们可以从调研记录(隐去受访者的个人信息)中清晰地分辨出受访者的年龄段。通常来说,年龄越大的受访者对自己的人生安排会更理性、现实;而年龄越小的受访者则较为紊乱,甚至互相矛盾。我们认为,这与受访者无法明晰自身在社会关系中所处的位置有关。

移和人口城市化的障碍划分为制度壁垒、城市无力承担巨额成本、农民工素质欠缺、生活方式不融合、农民自由土地无法自主买卖等多个视角。以上视角各有其解释逻辑，但共同问题在于结构功能主义，而结构功能主义的缺陷在于：以结构和功能的方法研究农民工，所呈现出的各类问题及分析、解决问题的方案基本呈现"头痛医头、脚痛医脚"的弊病。①

工业革命至今，人类在农业社会中所培育出来的人际网络已经被现代社会的各种组织机构所取代，但是，在一个刚刚被城市化的地区（如中国绝大部分的新兴城市），如何建立社区（包容感和归属感）？这里尤其需要指出的是，这些新来者以何种亲近感、认同感与该地区建立情感上的联系？应该说，鲍尔-洛基奇及其课题组为我们研究大众传媒在中国现代化转型期的社会整合提供了一个鲜明的视角："归属（感）"——依恋感和睦邻行为——是社区建构最重要的因素，而这种建构应该通过"传播"来完成。

在已完成和正在进行的城市化进程中，在相当多的国家和地区，社区媒体帮助建立、培育并维持了社会秩序，但这种紧密的关系不可能突然发生，它必然要经过长期培育。对照中国社会，媒体的这一功能明显缺失，这也意味着，今天中国的社会缺乏媒体这一子系统的黏合。我们认为，媒体的这一方向和功能是部分国家、地区的媒体在面对互联网的冲击，将自身的鲜明特征与社区结合，致力于服务特定社会需求的结果。借此，不仅能创造新的业务增长点，还能作为公共资源，帮助社区人民建立情感上的联系。

虽然世界各地的局部冲突和悲剧一再重演，但对绝大部分民众而言，他们生活在一定的区域内，只强调"对某个特定社区的服务性和归属感"

---

① 在对以上六座城市相关部门政府官员进行访问后，课题组发现，教育部门官员提出了农业转移和人口城市化，他们会提出一些针对性的措施，比如兴办农民工子弟学校，送优秀的外来务工人员读书，但这些措施往往隔绝了外来者与本地区的联系，根本无法帮助外来者融入城市。再比如各地兴建的专门针对外来务工人员的公寓，也基本类似。

的媒体为自己带来的服务。因此,自 1996 年以来,虽然美国的纸媒发行量在持续下滑,但社区媒体的数量和发行量却在持续增长:2013 年,美国西班牙语报纸(均为社区媒体)发行量增长超过 30%。在台湾,一份名为《月光山》的社区杂志将美浓地区的居民(及美浓出生但现在在外的人员)紧密联系在了一起,成为社区代议机构,根植于居民心中。虽然前者取向为身份认同,后者为地方文化认同,但我们必须看到,在规模扩张的现代社会中,社区媒体之于共同体的建构及社会稳定性的意义。

　　台湾学者林福岳曾针对社区媒体的定义提出不同观点,他认为应该摆脱传统功能论的视角来看待社区媒体,简而言之,即不去解答"媒介可以为社区做什么",而是将自己视为社区的成员,站在社区的立场去问"社区需要什么样的媒介"[1]。在此基础上,刘忠博发展了社区媒体理论,他认为社区成员已跳脱"决定自己需要什么媒介"的层次,而是迈向他们自己意识到"自己能成为社区媒体的一分子"[2]。赵克认为,社区报的主要功能有以下几点:监督政府,使公民知晓当地政府的运作,这是民主社会媒体的首要职责;通过持续报道当地新闻形成的社区归属感,报道普通人的生活让个人价值得以实现;信息透明和公开有助于为公民提供生活指南,使公民更有效地参与社区活动;作为公众论坛,社区报纸不仅要对当地事物表达观点、引发讨论,更要给普通公民创造发声的机会;社区报纸对读者的重要性还体现在提供商业信息——广告上,报纸必须成为当地小商业的重要帮手。[3] 这些社区媒体的功能都与当下中国的现实需求密切相关,可以帮助新兴城市完成一个个共同体的建构,从而发挥促进社会稳定的功能。

---

[1] 林福岳:《社区媒介定位的再思考:从社区媒介的社区认同功能谈起》,《新闻学研究》(台湾),1998 年第 6 期。
[2] 刘忠博:《"选择":当社区媒体面对不同文化交汇之际——一个从美浓"月光山杂志"社区报的观察》,中华传播学会会议论文。
[3] 岂凡:《最好的时代,最坏的时代?——访美国社区报研究专家 Jock Lauterer》,《传媒》,2010 年第 9 期。

》第二节 面向农民工的社区传播

社区传播也已进入中国学者视野。李良荣发表了《中国社区媒体:建构社会生活共同体》,陈凯将赵克的理论介绍至中国,赵乐乐、冉华发表《美国社区新闻思想流变》。但从目前国内这一领域的现有研究来看,则存在以下问题:(1)更偏重社区媒体的商业研究;(2)以介绍性材料为主;(3)社区媒体在中国的本土化研究存在缺失。当然,在这一并不繁荣的领域中,也有学者提出:社区媒体是否是拯救报业危机的有效手段?可以这么回答:在当下中国的学术界,社区媒体的生存和发展空间业已呈现,然而其本土化及本土化之后的发展方向依然是个未知数。毫无疑问,作为介质,社区媒体在"是否能充当城市整合的纽带"这一问题上已获得了肯定回答,然而,具体如何充当仍有待解决。桑德拉·鲍尔-洛基奇的研究结果显示,每个地区都有一个独特的传播基础结构(a unique communication infrastructure),这一研究发现警示决策者在社区建设中不能采用千篇一律的策略。① 但基于传播基础结构理论而诞生的社区媒体,如何才能当好城市整合的纽带?目前看来,社区媒体需要具有受众主体自我性质的社会组织和其他介入方(如投资方)的合作,并将其视角切换为组织社会学,对媒体本身与社会环境的结构性关系有一定的通盘考虑,在此基础上开展社区媒体的组织、运行和互动。当然,与中国台湾地区、美国不同,当下中国的社区媒体还面临的一个特殊任务是:从工业化的社会基础

---

① 王晨燕:《鲍尔-洛基奇的传播基础结构理论分析》,中国传媒大学第二届全国新闻学与传播学博士生学术研讨会会议论文。

出发来重构社会——基于现实的需求和发展的特殊性。

即便在五六年前,仍处于"瘦死的骆驼比马大"状态下的传统媒体还未形成对社区媒体的看好。今天,中国已有相当一部分传媒集团关注到社区对自己业务的影响力,如浙报集团布局"新闻+娱乐+社区化"全媒体平台,这业已成为传统媒体的发展共识。但就功能、使命而言,这种媒体转型及其功能设置和传统媒体本身之间的关系不再呈现强相关,而是在新兴社会的阶层发展中重新发展出一种新的传播模式。那么,传统媒体为何要介入这一对自身来说意味着艰难转身的新业务?

美国经济学会(American Economic Association)近日宣布,芝加哥大学布斯商学院经济学教授马修·根茨科(Matthew Gentzkow)获得2014年约翰·贝茨·克拉克奖(John Bates Clark Medal)。

该奖项每年颁发给一位40岁以下的经济学家(2010年之前每两年一届)。该奖的相当一部分获得者之后都获得了诺贝尔经济学奖,包括1991年获奖者保罗·克鲁格曼(Paul Krugman)和1979年奖项得主约瑟夫·斯蒂格利茨(Joseph Stiglitz)。

在给根茨科的评语中,美国经济学会荣誉与奖励委员会(American Economic Association Honors and Awards Committee,下称"评委会")写道,"根茨科对于人们对媒体产品生产背后的经济驱动力、数字环境下媒体不断变化的角色,以及媒体对于教育和公民参与的作用的理解做出了颠覆性的贡献……他因此脱颖而出,成为新一代微观经济学家中,应用经济方法分析过去通常由非经济学家研究的议题的领军者。"

根茨科近期的研究指出,传统媒体近来的处境并不完全是由于信息消费者向免费的网络媒体的叛逃,而是与广告商向后者的迁移更为密切相关。

他的研究显示,虽然受众阅读报纸的时长在1980年到2012年间减半,但大部分下降来自于2000年之前,那段时间网络还处于婴儿阶段。2008年到2012年间,虽然受众在网络媒体的阅读时间大幅上升,但在纸质媒体的阅读时间下降十分缓慢。

然而广告下滑却对报纸造成了较为沉重的打击。报纸的广告收入经通胀调整后回到了1953年的水平。2008年到2012年间,随着网络媒体为广告投放商提供了一个呈指数型增长的替代投放渠道,报纸读者每小时阅读所带来的广告收入几乎减半。

2007年,根茨科在《美国经济评论》(*American Economic Review*)上发表的一篇文章,试图弄清对于信息消费者来说,网络媒体和传统纸质媒体究竟是替代品还是补充品。

以往的一些研究指出,对于媒体来说,免费的网络信息渠道的出现会让读者对于新闻信息总量的胃口大增。

但在对于华盛顿特区新闻市场的研究中,根茨科发现由此得来的传统媒体与新媒体间的协同关系只是表面现象。

事实上,只有一小部分读者面对免费的网上新闻来源,大幅增加了新闻信息的消费总量。这推动了总体的阅读量攀升,但掩盖了大多数读者从付费的新闻产品向免费的新闻产品迁移的事实。

评委会指出,根茨科没有简单假设新产品为旧产品的替代品,而是扩展了传统的选择需求估计技巧,使之允许一系列产品的组合作为互补品出现,结果证明新旧媒体之间存在明显的替代关系。

根茨科于1997年和2004年分获哈佛大学经济学学士和博士学位。(财新网,2014-04-28)

因此,在未来相当长一段时间内,在互联网已得到普及的国家和地区,只有极少数特别优秀的传统纸媒才能凭其专业与卓越的信息供给来维系地位——当然,赢利方式也将发生根本性颠覆(如收取订阅费、提供专门信息)。剩下的绝大部分传统纸媒,则在丧失信息供给地位后丧失了广告商。虽然在20世纪90年代中期至2005年前后的媒介高速发展期,中国的传统媒介仅凭"信息平台"便可获得广告商的青睐,但很快,部分传统媒体因丧失广告商而闯入"信息寻租"之路,其惨烈程度不言而喻。我们可以清楚地看到,自2010年以来,绝大部分传统媒体使用广告"断崖式"下跌为自己的前途做注释。从这个层面来说,传统媒体的这一转型具有深刻的社会意义。对于被互联网所冲击的绝大部分传统媒体而言,在失去传统的盈利模式和渠道后,社区化并参与共同体的建构及城市整合并不失为一个方向。

我们针对珠三角六个城市外来务工人员的访谈显示,外来务工人员认为,本地居民对外来者的容忍度随时间的推移而不断降低,换句话说,本地居民在20世纪80年代时对外来者的接纳度要高于现在。有被访者表示,"这可能是当时他们和我们的差距不算大吧,或者他们那时候还不知道怎么歧视我们"。但随着城市和农村、大城市和小县城的差距逐渐拉大,城市所能获得的公共资源越来越丰盛,本地居民和外来人口之间的鸿沟也在不断加大,从而导致外来务工人员融入城市的困难。而另外一个有意思的现象是,外来务工人员认为,本地居民对受教育程度较高者的接纳度要高于受教育程度较低者,而受教育程度较高者自己也认为本地人排斥他们的程度不高。在随后课题组针对本地居民的访谈中,以上观点却被本地居民否认了:"他们刚来打工的时候老老实实的,就是赚钱回家盖房子、娶老婆,现在呢,啥坏事都干!你们去看看出租屋就知道了。""怨我们看不起他们?是他们自己做了让人看不起的事吧!"

在这里,身处同一区域的不同居民之间的矛盾由于沟通不畅而产生,循环往复并被打上成见,解决他们之间的传播偏向是当下社区媒体亟待解决的问题。需要指出的是,由于当下中国社会的流动性要大于稳定性

(尤其在新兴城市),中国传统媒体的社区化将与美国有着极大的差异。怎样社区化?怎样在不同的社区制定不同的社区化方向?这些都是未来的社区媒体必须考察的问题。此外,调研也发现,由于大部分的新兴城市居民(或外来者)在涉及社区的基本需求和诉求上缺少共同性,这也给社区媒体在中国的发展带来了新的挑战,如何在诸多需求中觅得平衡?虽然所有的被访者都认为需要一份针对自己的专门媒体,但他们对媒体的方向和自身的需求仍然迷茫。这就意味着,社区媒体的介入方需要重新认识新时代条件下外来者的社会肌理和未来前景,再将这一群体的诉求进行整理、发布,并与社会进行沟通。

从调研结果来看,现阶段珠三角地区外来务工人员的诉求尚处在"希望被接纳"阶段,远未上升至"媒体可以为我做什么"阶段,更未至"参与城市管理"阶段。这就为现阶段的社区媒体指明了一个方向:进行社会关系的"建构",至少让这些外来务工人员意识到当下各级职能部门为他们的社会关系所付出的种种努力——虽然这些努力目前效果甚微。针对各地职能部门的调研显示,由于我们所调研的这六个城市均属于发达地区,地方政府在外来务工人员的市民化进程建设中的确做了相当多的事,比如令其可以免费借阅图书、能以非常低的价格观看省级剧团的演出(财政补贴后很多高层次的演出仅 10 块钱一张票)、为其举办有不错奖品的群众运动会、并针对外来务工人员子弟开展社工一对一帮扶、积分落户等活动,但从这些举措的实际效果来看,这些"好事"很难为外来务工人员获利,原因很简单:"这事能落到我头上?"让外来务工人员看到各部门为他们融入社区和城市所提供的各种信息应是当下社区媒体发布的重要内容之一。当然,在此基础上,培育他们对信息的接收、接受和使用能力,也是另外一个重要内容。此外,让外来务工人员初尝社区媒体所带来的各种便利和好处后,还可逐渐培养他们的表达能力——这将为他们充分掌握未来发展的话语权做准备。

桑德拉·鲍尔-洛基奇领衔的《传媒转型》课题组认为,互联网已经成为更大的传播结构的一部分。而在本课题小组的调研中,我们也发现,媒介新技术改变了以往的社会关系模式,社交网络的兴起为外来者群体提供了类似"充分整合的人际模式",也就是将这些被"脱域"的原子凝聚成了一个集体——这个"集体"将个人处于一个个社会关系网络中,起到了分散、缓解压力的作用。对于这些外来务工人员而言,互联网所提供的社交网络只能帮助这些新生代外来者虚构自己的社会关系,提供一种类似鸦片式的虚拟环境,而无助于他们对这个社会进行理性判断;但从媒介的选择来看,互联网毫无疑问也已成为他们获得各类信息的必要渠道。

与受众对媒介的接受度及易得性相关,以"80后"外来务工人员为自己核心受众群的社区媒体或将以公众微信号为自己主要的内容载体,但另一种低成本的传统媒体也在实际调研中进入了我们的视野——广播。相对于其他的传统媒体如报纸、电视而言,各地的广播媒体更乐意转向社区媒体,这大致与前些年广播媒体在报纸、电视的多重压力下努力突破的趋势有关,也与普通公众在收听广播时参与度较高,因而早早加入到社区建构的进程相关。而对于外来务工人员较为集中的大型企业、社区来说,广播还有助于企业文化的传递,可以帮助企业凝聚工人,因而得到了珠三角地区企业主的普遍赞赏。

由于社团发育的普遍不成熟,社区媒体的推广还面临着组织架构的问题:这一新兴的传播模式不仅要结合都市报的传播模式和组织社会学(19世纪英法的工团主义)的架构,还要涉及投资结构的可行性、受众的组织性和自发性、广告信息与生活环境的关系等各种因素。

当然,由于社区媒体在中国当下的社区建构和城市整合中还只是一个设想,我们的目的也只是试图通过传播来推进社会中不同群体、阶层之间的认同与融合,但整体而言,在互联网对传统媒体的强势冲击与当下迫在眉睫的现实需求下,社区媒体并不失为传统媒体转型的一个新方向。而从博弈论的角度来看,农民工群体住得越久,他们与本地居民之间持续交往的预期就越高,就越会增进双方的和平共处。如果该群体一直被城市排斥,他们会将自己与本地居民的每一次遇见视作最后一次交往,此时,背叛会被视为最优选择——1990年后,城市里常见的外来人口抢劫、暴力,往往源于行动者认为自己可以"干一票就走"。从这个意义上来说,由部分传统媒体转型而来的组织化社区传播有利于农民工的城市融入、同化、定居,以及减少冲突。这样一方面可带来城市的可持续发展,另一方面还可逐渐解决当前城市发展中所出现的各类社会问题。

在相当长一段时间内,社区新闻曾被定义为是为特定的小范围的受众所服务,收集、报道和发表关于特定社区的信息和生活的新闻。在20世纪,"社区新闻"也常常被作为"小镇新闻"的别称。但进入21世纪后,这个概念也在自身的发展中不断突破和延展,并逐渐受到关注。在电子社区时代,社区传播在社区中所扮演的角色不仅仅只是"小镇中的媒体"这么简单,它逐渐包含了新的成分,比如专有领域的杂志、为专有社区服务的网络新闻、本地独立电台和社区新闻网络等。在中国,受互联网对传统媒体的冲击、急速新陈代谢的社会文化,以及城市建设过程中内外部冲突的杂糅,作为弱势群体的新生代农民工,必须有社区媒体这样一种组织化的媒介来帮助其融入城市。

〉第三节　社区媒体发展的可持续性

据周敏娴、严昊和王侠的考证,就全国而言,北京的社区报探索比较早,形式也较多样,但是以失败的案例居多。2004年,《华夏时报》率先将自己定位为"中国第一份商圈社区报",以各商贸中心工作的上班族为目标读者群,但效果一直不好,经多次改版后又做回了都市报;有"中国第一家公开发行的社区报"之称的《北京社区报》，则原为北京市民政局的机关报《民政之声报》，在报刊治理整顿中归入北京日报报业集团，改名为《北京社区报》。但这张报纸仅借用了"社区报"的由头，其内容与社区并没有多大关联，反而"机关报"的味道仍然较浓。2010年，《法制晚报》成立了社区事业部，负责社区报《望京周刊》的采编和运营，这是一次较为成熟的社区报探索运营。

望京地区是北京市区内商业较成熟的社区，常住人口约30万，其中日韩籍人士占很大比例，具备创办社区媒体的先决条件，但经历了三年左右的市场培育期，《望京周刊》仍未实现盈利，经营收入来源主要是当地街道的宣传费和《法制晚报》分给《望京周刊》的广告费，自身吸引的广告收入很微薄。对于这一困境，《法制晚报》副总编辑栗玉晨直言："社区广告不好拉，因为它直接要效果。虽然在都市报上登广告也要看效果，但很多商家就是进行品牌形象推广，并不追求直接的经济效益，但是社区的小商户的目的和心态就不同。例如，一个餐厅老板花几百元登了个通栏广告，之后他马上就会计算卖多少饭才能挣回这笔花销。如果他做一次、两次广告后觉得客流量并没有太大变化，马上就会停。"①

与北京遥相辉映，2013年年初，广州日报报业集团也开始涉足社区报。

《广州日报》社区报运作模式分析②

2013年3月18日，广州日报集团旗下首批两份社区报《大沥社区报》(周刊，每逢周五出版)及《清远社区报》(日刊，周一至周五出版)正式创刊。相比国内诸多城市的社区报，这两份报纸最突出的特点有两个：小城镇和市场化。这意味着它们的办报地点不在市区，资金来源也并非来自政府，与目前大多数中国社区报的办报模式形成鲜明反差。

---

① 周敏娴、严昊、王侠：《社区归属感的建构与社区媒体的发展》，《新闻记者》，2013年第7期。
② 严璟、郁晶、陶东铭：《全市场化运作的小城镇报——〈广州日报〉社区报运作模式分析》，《新闻记者》，2013年第7期。

填补市场空白

大沥是佛山南海区的一个镇,毗邻广州西部的荔湾和白云区;清远是位于广州北部 70~80 公里的一个地级市,离广州车程为一个多小时。这些原本地域偏远的小城镇随着近年来房地产开发的兴起,经济发展也取得了长足的进步。如清远在 2007 年入选全国综合实力百强城市,素有"广佛黄金走廊"之称的大沥地区生产总值也跨过了 400 亿元。

地区经济的发展自然带来了上升的人气和较大的媒体广告需求。但相比报纸竞争激烈的大城市,小地方的"媒体资源严重稀缺",广告商对平面媒体发布的需求也比较大。

《广州日报》正是看准了这一机会,选择在远离广州市区的偏远郊区创办社区报,不过社区报所走的道路不是《广州日报》的翻版。相反,与政府背景浓厚的主报相比,《广州日报》社区报走了一条完全市场化的道路:同广告商合作,即广告经营外包模式。

所谓的广告经营外包模式,即报社在办报的小城镇寻找当地实力强的广告商,以每年固定的经营金额承包版面,所支付的金额作为社区报运作的主要资金来源,承担人员、采编内容等日常开支。该模式包括总承包(大沥、清远)以及多家广告商分包的模式(即将开设的增城社区报)。但无论是哪一种,这种模式的主要特征在于:内容和经营都可以做到高度市场化,用社区报团队的话来说就是"广告商指到哪儿,我们就打到哪儿"。

"从广报社区报筹备的第一天起,我们的目标就是做一张内容专业化、经营市场化,且能快速盈利的小城镇报纸。"这是我们探访新创刊的《广州日报》社区报时,大洋传媒总经理、社区报项目负责人吴国华给人留下印象最深刻的一句话。

少谈政治，多谈民生

吴国华坦言，《广州日报》在准备创办社区报之初，也考虑过学习上海《新民晚报》和《新闻晨报》社区报的"街道合作"模式。但考察下来发现，街道的预算有限，且一旦政府部门出资，难免会对报纸内容有要求，媒体的内容自主性将会受限。

另外，小城镇也不缺政府主导的报纸。以清远为例，当地有机关报《清远日报》，发行多数为单位订阅，从内容和经营上来说都难以满足市场需求。

于是报社斟酌再三，决定采用"以我为主"的专业媒体水准办社区报。首批创刊的清远和大沥两张社区报，创刊号均为24版，设计常规运行后日常版面数为16版。若逢年过节广告需求量大的话，将同广告商就扩版部分重新商谈广告费，印刷费用五五分摊。

由于采用"淡化官方色彩"的市场化模式，《广州日报》将"少谈政治、多谈民生"设为社区报内容的特色。

从首批创刊的两份社区报来看，《大沥社区报》因为是周报，提出的口号是"大沥人自己的报纸"，主要讲述社区居民身边发生的一些热点民生话题。如创刊号中，盐步社区新闻以及黄岐社区新闻（注：盐步和黄岐分别为当地社区名）版面的头条分别是"盐步居民希望有块公交站牌""清理占道灯箱广告、改善城市面貌名片"。另外就是社区居民身边普通人的故事，如"重庆补鞋佬扎根盐步12年""漂泊半生回大沥 但凡路过比作揖——85岁阿婆祭奠烈士30年"分别作为东区新闻和西区新闻版的头条。

对《清远社区报》这个独立性更强的小城镇社区报来说，它更像一份综合性小城镇日报。在内容设置上，不仅有"广东国际文化节在清远开幕""清远滨江规划，塑造清远慢生活"等本地新闻，同时也有关于

"郭晶晶粉碎怀孕传言"等娱乐新闻,还有"英媒爆巴黎 2.5 亿英镑砸鲁尼"等体育新闻。

不过,少谈政治并不意味着远离政府,《广州日报》社区报的目标是成为当地政府、居民和商家的沟通平台。吴国华描述社区报的内容目标时明确表示,"不是做报纸,而是做平台"。就像两份社区报发刊词上写的:"将力争成为当地政府与居民之间、商家与居民之间、居民与居民之间相互沟通的桥梁和纽带。"为此,社区报打算组织"社区十大人物评选""居民书法比赛"等各种文化活动,增强与居民互动、鼓励居民参与,活动经费由商家赞助,居民免费参与。

对此,华东师范大学新闻传播学院武志勇教授认为,社区报只是《广州日报》这样的媒体集团资源渗透和拓展营收的一种尝试。"在某些小的行政范围经济发展到一定程度后,自然会产生对信息和媒体的需求。但长期以来国内不允许私人办媒体。因此,小地方广告业务再发达、市场化程度再高,都不能满足人们对专业媒体的需求。"武志勇表示,"大报正是利用了这种资质和专业优势,通过地域渗透,期许社会效应和经济效应的双丰收"。

"广告外包保底"＋"每份赚点小钱"

《广州日报》此次选择办社区报的地点均为较为偏远的郊区,一方面符合了创办思路中郊县地区的市场化媒体资源稀缺的特性,更重要的是和市区媒体相比,相对独立的郊区市镇媒体更接近国外成功的社区报概念,即小城镇报纸。

吴国华介绍,《广州日报》在 2006 年同开发商雅居乐地产合作创办过雅居乐小区的社区报,主要针对处于广州市市区的雅居乐小区发行。但这份社区报办了两期即告关闭,很大部分原因是社区的概念过于狭窄。

吴国华认为,现在的不少社区,特别是大城市市中心的社区里的居民,虽然居住在该地,但工作生活消费却多数是在城市的另一个区域,因此对所谓居住小区的社区归属感很弱。由此带来的直接效应就是社区报的读者基础不扎实。因为在很多小区,社区只是一个"晚上睡觉的地方",缺少生活气息,鲜活的新闻素材自然也缺乏。从广告的效果上看,因为小区居民的消费活动范围差异,居民在社区外活动的选择一多,小区周边的商家广告效果也就自然有限了。

而小城镇不一样。小城镇因为地理位置偏远、交通相对不便,所以整个地区的运作就相对独立。由于当地的居民生活、工作、娱乐都在区域范围内,居民对整个区域内所发生的事情、商家的活动信息需求量就大,媒体的群众基础优势明显。

根据大洋传媒的计划,今年为社区报业务探索阶段,将逐步开办共10张社区报。若运作成功,明年将社区报模式快速复制并拓展至整个珠三角地区。而在每一份社区报采用"广告外包保底"的低风险运作+"每份赚点小钱"的低盈利目标的运作模式,期许在多个市场能够全面开花,从而通过规模效应完成高额盈利。

大洋传媒预计,每份社区报的发行量平均能达到3万~4万份,若能成功开办10~20份,合计将有30万~80万份的发行量。这在珠三角地区即相当于一个中型到大型报纸的规模。若按照1年打平,第二年能有100万~200万元盈利的目标,运作两年后,社区报每年的总盈利可以高达4 000万元。

从广告商合作伙伴的选择来说,先期创办阶段,报纸还需要靠广告商在当地的资源和影响力以打开市场。但若能成功运作若干年、社区报有了一定品牌效应和知名度后,社区报的合作伙伴和运作模式可能相应会有改变,可以选择继续同广告商合作,也可能选择其他合作伙伴,或者索性收回自行经营。

专业社区报记者存在缺口

《广州日报》采用了一种挖掘所谓"高质量媒体严重稀缺"的小城镇市场的战略来拓展社区报市场,因为其母报《广州日报》及集团旗下系列报刊经营业绩尚佳,所以开发社区报的思路中,"利用主报优势对周边市场进行充分挖掘"的主动出击色彩要重于"应对纸媒生存挑战"的被动色彩。

在关于成立社区报公司的公告中,粤传媒称:"目前传统报纸普遍的同质化以及传媒之间激烈的竞争使得传播格局出现由大众传播向小众化、窄众化转变的趋势。广报社区报公司的设立,是粤传媒全资子公司大洋传媒经营业务的战略拓展,将面向固定社区,创造出报业市场新的需求点和经济增长点。"

对于社区报面临的挑战,粤传媒也明确表示:"中国社区的成熟性及居民对社区的认同感和归属感仍在完善之中,社区报销售及广告经营的渠道开拓和发展存在一定的经营风险与广告竞争压力。"

跟"街道出资""开发商出资"等运作模式相比,《广州日报》社区报所采取的运作模式的挑战和压力主要来自于以下两大方面:

1. 广告商主导模式可复制性弱,稳定性较差。在某居住小区或者街道等比较小的、广告需求并不旺盛的地域范围内,很难出现拥有很强本地资源且有实力承包每年500万元指标的广告商。反之,若在广告行业高度发达的地区,客户资源也会被多家广告商分食,较难找到愿意接受高指标的长期广告承包商。对此,吴国华也坦承,"可靠的广告商合作是关键"。

"压力转移、能快速盈利"是广告商主导模式的明显优势,但最大的风险在于它的不稳定性。相比有可靠且较稳定来源的政府出资合作模式来说,广告商完全是市场和利益主导型运作方式。广告市场前景一路看好当然无忧,但如果哪天市场前景堪忧,广告商一旦决定撤出,整个社区报的运作相当于断了供给、失去了原动力。若不能及时找到下家接盘,恐怕长期运作下去会出现困难。

此外,如果广告市场一路向好,报纸对广告商的依赖程度较大的模式也可能出现广告商逐步开始掌握话语权,对报纸的内容施加影响的局面,导致新闻采编部门在内容品质和广告利益中间出现取舍矛盾。

2. 期待通过快速扩张盈利,人才不足是最大挑战。被问及社区报发展最担心的问题是什么,吴国华毫不避讳地回答:"人从哪儿来?"从目前已经成型的两张社区报来看,每个社区报记者站的采编、发行、经营等人员的总需求在20~30人左右。每份社区报的主编等高级管理人员是从主报直接调配,而80%的人员靠社会招聘。虽然因为主要是跟基层人群和民生新闻打交道,社区报对记者要求不高,但是要真正招到合格、甚至高质量的新闻从业人员,并能挖掘出新闻、写出可读性强的稿子,并不是一件非常容易的事情。若按照快速发展的思路来看,在珠三角创办20份社区报,就至少需要200名专业的一线社区报记者,这将是个不小的缺口。而且完成招聘之后,更大的问题在于如何让有新闻热情的记者真正"放下身段",融入"鸡毛蒜皮""家长里短"的社区中,并愿意长期做好基层新闻,这将是社区报发展中面临的一个更大的挑战。①

在上海,2006年10月,自《新民晚报社区版》亮出了"国内第一家获

---

① 2015年年初,广州日报集团关停旗下8家社区报,包括东莞、河源、肇庆、佛山禅城、佛山大沥、佛山南海、韶关、汕头等地的社区报。媒体人士分析其原因:一是社区报的经营压力,广告没跟上给报社主体带来了包袱;二是在目前中央规范办报的大背景下,社区报成了鸡肋。

得国家新闻出版总署批准的社区报"的旗号后,隶属于东方网的《城市导报》也陆续展开了与多家街道报纸的合作。而从 2009 年 8 月开始,《新闻晨报社区报》则以一整套全新办报模式低调地开始了社区圈地运动。王珏认为,"社区"一词早已成为沪上各大报业集团眼里的香饽饽,成为近年来上海报业市场竞争态势中的关键词之一:《新民晚报社区版》将自己定位为中高端消费人群的"社区资讯管家";《城市导报》将自己的社区报角色定位于"媒体支持者",从内容定制、制作印刷到衍生产品的制作,《城市导报》的参与使街道报纸从内容到版面质量均有了大幅提升;《新闻晨报社区报》则走圈地路线,以大商圈为中心选取周边地区街道。然而,社区报与社区的"黏性"不足、发行渠道不畅、有效发行率低、成本控制欠佳、沉没成本较高,以及复合型人才的缺失,均是上海社区报目前在发展中所面临的问题。①

就在中国各大城市的都市类报纸以社区为转型方向之一,进行艰难探索的同时,一个网络社区媒体——回龙观社区网,却以社区建设为根本,"黏"住了这个拥有 35 万人口的社区,成功吸引了 50 万之多的注册 ID。因其对社区归属感的成功建构,从而产生了小广告商"排队"、政府主动寻求合作的效果。事实上,一旦社区媒体进入居民生活,并成为社区居民的生活必需品时,运作就不再是一个难题。从回龙观社区网的内容来看,包括资讯中心、二手交易、集采地带、服务中心、交易市场、生活指南、社区地图、回龙相册、原创基地、观网团购等,这些与社区居民生活密切相关的各类信息通过情感与利益两种渠道牢牢抓住了居民的媒体选择。从大众传媒的专业角度来看,回龙观社区网的各版主"不专业",从媒体的商业运作来看,它也"不逐利",但恰恰是这种"不专业"的居民参与以及"不逐利"的去商业化,让这一社区媒体以居民为自己的最大关注群体,真正

---

① 王珏:《上海社区报生存态势与发展策略初探》,《新闻记者》,2011 年第 1 期。

实现了居民共同体的建构,并在此基础上顺便实现了商业利润。

而从当前退场的社区媒体实践来看,其商业模式和人员训练均没有得以完成。在社区媒体的发源地美国,除了基金会资助,目前尚未有其他有效的、可持续的营收模式用来支撑美国的社区新闻,但许多经营状况较好的社区媒体都因其对社区居民的黏性而带来各种资金来源,比如广告、订阅、活动收入等。奈特基金会曾资助开办了许多社区新闻,负责人纽顿说:"地方媒体必须立足当地,如果你和社区建立起紧密的联系,那自然会产生最强大的经济动力。"由于社区媒体的服务范围较小,工作人员人数少,从业人员的专项技能相对丰富但范围狭窄。所以,相关的培训项目也变得重要。比如和大学合办培训项目,或者在新闻年会上举行讲座让各大媒体负责人一起分享经验和心得。中国的传统媒体将社区作为未来业务的一个突破口无疑迎合了社会发展的需求,问题是:两者之间如何切换?带着传统媒体的思维方式进入社区媒体,并不会造就成功。

第七章 / 面向农民工的社区媒介实践

布迪厄认为,共同场域形塑共同习惯,共同习惯形塑共同场域。如果社区媒体能为农民工与市民在此场域(社区媒体)上提供相应的互动、交流,农民工将积累更多"市民特质",城市居民也会改变对农民工群体的看法和态度,逐步走向和谐共融。

〉第一节 反思:媒体、城市发展与农民工声音

本届政府提出"新型城镇化",并以"人的城镇化是新型城镇化的核心"来解决中国城镇化进程中的问题,实际上是对改革开放三十年来城镇化进程的反思。基于"国家的视角"而产生的政府主导的城镇化源自于政府自身的现代性逻辑,在压力型体制的作用下,城镇化的目标不断偏移,直至被简化为单纯的"土地的城镇化",演变为大拆大建的造城运动,市场和社会有效配置资源、相互激励的作用被抑制。[①] 在这样的导向下,"城市化在近三十年来的中国规划中主要被定义为农村人口向城市的转移。根

[①] 董阳、王娟:《从"国家的视角"到"社会建构的视角"——新型城镇化问题研究综述》,《城市发展研究》,2014年第3期。

据农业人口与城市人口的数据比例而统计、定义的'城市化'的图景向人们展示的是,城市的产业会大量吸纳乡村劳动力,经由大造城市,农村人口可以大量迁入城市,农民可以变身为城市人,由此,传统、落后的农业中国的所有问题,都将随着'城市化'目标的实现而得到一一解决。"①但事实上,农民工的城市化进程并不会因他们入城而马上获得,"城市的兴起和发展,将改变中国社会中个人与社会的联结方式,以及人们的生活方式。随着城市性的扩展蔓延,传统中国的乡土性将被现代性所取代"②。从这个意义上来说,"农民市民化的主动性和意义被夸大了,我们在以城市人的视角想当然地认为从农民到市民是农民的理想追求,"农民的经济理性被忽略,身份政治被遗忘,日常生活结构被破坏,农民政治、经济和社会上"自由受限"的瓦解形成了一种"完全被制度安排的'被市民化'的过程"。③

在前30年的中国城市化进程中,我们以扼杀农民工的声音为代价换取了城市的高速发展,其结果是造成了农民工与城市居民之间的各种不平等,且不平等程度越来越大。"新型城镇化"是"以提高农民生活质量为主题的城镇化",实际上是对"低人权"农民工体制的改革,从基于政府主导的"国家的视角"走向充分发挥国家、市场、社会的建构能力的"社会建构的视角"。然而,社会性是众多个体"赖以相互协作,从而结合成为一体的某种自然适应性,因此,从根本上取决于人与人相互协作、相互联合的性质"④。此外,在威廉斯看来,"关于传播的任何真实理论都是关于共同体的理论(theory of community)……人们的心灵是由他们整体的经验所塑造的,没有这种经验的确认,技术即便是最为巧妙的资料传输也无法完

---

① 陈映芳:《城市中国的逻辑》,三联书店2012年版,第19页。
② 陈映芳:《城市中国的逻辑》,三联书店2012年版,第20页。
③ 文军:《"被市民化"及其问题——对城郊农民市民化的再反思》,《华东师范大学学报(哲学社会科学版)》,2012年第4期。
④ 李猛:《"社会"的构成:自然法与现代社会理论的基础》,《中国社会科学》,2012年第10期。

成传播。传播(communication)不仅仅是传输(transmission),还是接收和回应(reception and response)。在一个转型文化中,巧妙的传输会对行动和信念的一些方面产生影响,有时甚至会产生决定性的影响。但是在混乱中,整体的经验将会再次发挥作用,并确立自己在世界上的地位。大众传播通过适应某种社会和经济体制的方法,曾经取得过成功;但是在遭遇一种经过深思且也已成型的经验,而非混乱不定的局面时,传播的输送遭遇了失败,而且将会继续惨败"[1]。在被制止发声三十年之后,绝大部分的农民工目前显然不能,也不会与城市融洽相处。从这个意义上来说,改变还必须从教会农民工发声开始。

在吕途的《中国新工人:迷失与崛起》一书问世后,卜卫认为:"这本书特别好的地方是,作者对工人的声音不是一种对'他者'的再现,而基本上是原音重现。作者是以工人为中心,而不是以理论概念为中心来叙述工人的故事。""问题是从现实中、从工人的生活实际中来的,而不是从理论概念中来的,同时也做一个工人能懂的研究,把工人当作读者。也就是说,这本书最重要的意义在于,这本书在与工人交流的基础上,做了一个工人的集体发声。""而且非常重要的是,她也把研究做成了一个集体行动。总之,这本书从工人生活实际出发,提供了思考中国命运的一个起点。"[2]一直以来,学术界、新闻界都不缺以农民工为客体的研究、报道,但以农民工为主体的实践在哪里?农民工如何才能让自己的诉求表达出来?当表达受阻时,他们应该寻求什么样的帮助?

长沙首个社区农民工APP新媒体服务平台落户天剑社区

华声在线2月2日讯(通讯员 高兴)为了让农民工过一个喜庆温

---

[1] 〔英〕雷蒙·威廉斯著,高晓玲译:《文化与社会:1780—1950》,吉林出版集团有限责任公司2011年版,第326—327页。
[2] 《这是新工人的集体发声——卜卫在〈中国新工人:迷失与崛起〉新书发布会上的发言》,见http://blog.sina.com.cn/s/blog_78d0cea60101exw5.html,2014-06-09。

馨的春节,进一步了解农民工外出务工的工资、福利待遇、就业环境、返乡创业遇到的问题和困难等基本情况,更好地服务返乡农民工,2月1日,天心区金盆岭街道天剑社区举行了大型公益活动"关爱农民工,情暖千万家",长沙首个农民工APP"农民贡"正式上线。

充分发挥社区"互联网＋"的新功能　为社区居民办实事打通"最后一公里"

据悉,"农民贡"APP是由天心区金盆岭街道天剑社区携手湖南网港科技发展有限公司、天心区文明办、天心区人社局、天心区总工会、长沙电视台新闻频道、瑶族山寨餐饮公司和华文食品积极响应落实中央一号文件关于推进农民工市民化、引导扶持返乡创业就业的具体要求,充分发挥社区"互联网＋"的新媒体功能作用,健全未成年人教育体系,提倡志愿服务精神。以社区为依托的农民工就业服务和信息管理平台,结合社区建设实际,为社区居民办实事打通"最后一公里",共同建立长沙市首个社区农民工自己的APP新媒体服务平台——"农民贡",开展农民工就业创业及职业技能提升服务等主题活动。

记者扫描二维码下载这款APP后发现,日常的水电维修、管道疏通、物业管理、家政服务,以及油漆、木工、泥工等,都可以通过这个平台轻松找到。每个工种目录下,都有相应的农民工图像、专业技能介绍、客户评价等信息,有需要的话,按操作指引下单预约即可。

该平台创始人、农民工出身的苏汉臣介绍,农民工可在平台上免费实名注册,通过互联网推介自己。目前在平台注册的农民工已超过200人,都是与苏汉臣共同打拼多年的熟练工。除夕、大年初一,这200名农民工将为长沙市10个没有物业管理的老旧社区提供免费服务。该平台在长沙运行成熟后,将逐步向全国大中城市推广,湖南网港科技发展有限公司将向天剑社区20户困难家庭提供价值8 000元的上门免费水电检修券。

打造全国首家农民工互联网综合服务平台　关爱社区留守儿童

劳动技能是农民工的立身之本。"农民贡"APP由湖南网港科技发展有限公司创建,致力于打造全国首家农民工职业化、标准化互联网综合服务平台。"农民贡"APP作为一款免费的智能农民工业务交易平台,将以天剑社区为试点,定期开展技能培训、创业扶持活动,通过"互联网+农民工"的方式打破传统粗放型模式,将业主的生活需求与农民工劳务直接对接,通过竞价搜索、距离搜索、星级搜索等方式自主连接师傅,减少中间环节,降低沟通成本,让农民工在家门口就能找到工作,从而实现最大限度地优化业主的用工体验和改变农民工兄弟的接工方式。该平台对从业者实行实名制认证、培训后持证上岗、购买保险等管理服务措施,从源头上解决了双方的安全隐患。

"绵延不绝的中华民族传统文化中,'家'的概念至关重要,绝大多数农民工外出打工放在第一位的还是为了家,为了自己的孩子,为了尽到家庭的责任。而一个家长常年在外最担心的也是孩子的安全。天剑社区将伸出援手,关爱社区留守儿童,发动志愿者团队和在职党员进社区联点单位、爱心企业等社会力量参与其中,完善关爱服务体系,坚决打击侵害留守儿童的各种违法行为。"天剑社区党总支书记、主任张国庆告诉记者,今后将充分发挥社区基层党组织优势,整合各类社会资源,推出以"红色暖冬"为主题的党员志愿服务活动,为社区低收入家庭、留守儿童、孤寡老人、进城务工青年、返乡农民工等群体送去猴年新春关爱和温暖。(来源:华声在线,2016-02-02)

北京农民之子文化发展中心以"学习圈"为切入点,搭建农民工社区服务平台

2012年,在北京市温暖基金会"职工公益孵化项目"的支持下,农民之子开始尝试把学习圈理念引用到昌平区半塔村的社区职工学习中,探索以建立适合当地实际需求的学习圈为切入点,搭建服务农民工的社区服务平台,项目至今已经实施了3年。

半塔村是介于昌平区天通苑社区和回龙观之间的流动人口社区,本地人口1万人,却聚集着3万多外来务工人员。开展学习圈项目3年来,共培育组织各种贴近职工需求的家政技能、营养早餐、英语角、读书会、电脑班等学习圈不少于24个。每天下班后和一到周末,职工们就聚集到他们自选的主题学习圈里参加活动。此外,项目还组织职工参加夏令营、流动书摊、传统节日活动、五一体育友谊赛、七月广场音乐节、元旦联欢会等大型活动,每年服务职工上万人次,极大地满足了职工的学习需求,丰富了社区职工文化生活。吸引了搜狐、《工人日报》等新闻媒体对社区学习圈的系列跟踪报道。①（来源:北京工会社会工作平台）

当然,这种"农民工发声"能走多远不得而知,但我们可以确定的是,继续忽略城市中关于农民工的媒介平台建设,其后果难以预测。"移民往往选择居住在同族群聚集的地区,尤其是新移民通常会选择定居在同种族聚居区以便获得关系网络的支持。然而,这种居住隔离一旦变成永久性,便会导致代际不平等。长期的隔离可能会限制居住选择,限制人们获得更好工作和接受更好教育的机会,使边缘社群愈加贫困,还会导致排外和疏远等问题。"②

《传媒转型:改变社区黏合纽带》最终为当地媒体给出了有关建立社区归属感的意见:当地媒体对于人们认识社区环境和在环境中有效行动

---

① 《北京农民之子文化发展中心以"学习圈"为切入点,搭建农民工社区服务平台》,见 http://111.205.6.60/caseworker/index.php? s＝/Home/Index/CommunalTwo/category_id/53/id/118/click/5.html。
② 转引自 International Organization for Migration:《世界移民报告 2015:移民和城市——管理人口流动的新合作》,见 http://www.ccg.org.cn/dianzizazhi/yiminbaogao2015ch.pdf。

至关重要;当地媒体要注意与社区组织间的联系,因为后者发起的活动常常是很好的当地新闻报道的素材,它们涉及对社区居民很重要的社会、健康、劳工、法律、政治和经济问题。当地媒体同社区组织的强有力的连接,有利于汇聚社区"趣闻轶事/故事讲述"系统的力量。研究者还针对一些服务于新的移民社区的地方媒体大量报道有关原籍国家的新闻,而对当地的新闻报道不充分的情况,指出尽管居民对其居住地区的关注程度必不可免地有所不同,但是正是这些地区最直接、最具体地影响其日常生活,因此居民们需要对原籍国家的情况和当地居民点的情况双双都了解。鉴于许多当地媒体资金有限,研究者们就如何以相对较低的成本采访和报道当地新闻的具体方法提供了一些思路。在给社区组织提出的建议中,研究者们认为,社区组织可以通过更积极地讲述居民点的故事/情况和鼓励居民们相互间讲述这些故事/情况而直接为社区建设做贡献。鉴于社区组织扮演许多重要的服务角色,但一般资源条件较差,研究者们采取了与社区组织一起工作的方法,帮助这些组织设计和实施现实可行的策略来促进社区成员之间的互动联系、社区"趣闻轶事/故事讲述"。①

作为公共领域的基础和根基,微观公共领域(Mini-publics)为"小而美"的社区媒体提供了强有力的理论支持:强调直接、自愿的参与,在对作为弱势群体的农民工进行赋权后展开互动和对话。今天,社区媒体概念所指涉的对象极为多样,按照李艳红的梳理,它可以是美国的低功率广播电台,或是提供给地方社区成员使用、播放其自制节目的社区公用电视频道(Public access television);可以是英国直到20世纪90年代初期才逐渐获得合法执照,出于对公共广播内容不满由移民群体自己创办的前"地下电台"实验;可以是澳大利亚和加拿大边远地区原住民自己参与建立,

---

① 王晨燕:《鲍尔-洛基奇的传播基础结构理论分析》,中国传媒大学第二届全国新闻学与传播学博士生学术研讨会会议论文。

从中获取与自身相关的资讯,并在其中表达其族群文化身份的原住民电台;可以是拉丁美洲和非洲用来促进社区发展,改善贫穷状况,在社会变迁中扮演重要角色的乡村电台、大众电台、矿工电台和教育电台;甚至也可以是今天在全球范围内广泛建立新闻网站、以互联网为主要传播载体、在反全球化事业中摇旗呐喊的独立媒体组织(Indymedia);或者是今天在北美和欧洲都得到迅速发展,致力于提供给社区地方资讯和平等使用互联网机会的社区网络(community network)。①

那么,农民工社区媒体该如何呈现?

第二节 农民工社区媒体:观念·视角·姿态

在相当长一段时间内,中国的城市化发展是以产业为中心,逐步扩大城市范围的模式。在这个过程中,"土地的城镇化"要优于人的城市融入,这与相对滞后的社会管理、公共财政无力支付大量外来人口融入城市的"公共支付成本"密切相关。然而,作为新移民的有机组成部分,新生代农民工的城市融入已成为我国社会主义现代化进程中的一个必然趋势。目前,新生代农民工的城市融入直接涉及我国现代化发展的路径选择,甚至在一定意义上决定着中国社会未来的发展方向。2015 年 12 月 14 日,中共中央政治局召开会议时提出,要化解房地产库存,必须通过加快农民工市民化,推进以满足新市民为出发点的住房制度改革,扩大有效需求。

---

① 李艳红:《传媒产制的"第三部门"——北美和澳大利亚社区媒体的实践、制度及民主价值》,《开放时代》,2009 年第 8 期。

一直以来，在学者与媒体从业者自上而下的视角中，农民工的城市融入一直与"万恶"的户籍制度捆绑在一起，从而造成的公众认知便成了"户籍制度不发生根本性的变化，终究无法促成农民工的城市融入"。但从实际调研中来看，农民工，尤其是年轻的农民工对城市户籍的关注和重视并非学界所理解的那般，甚至有相当一部分人不愿意迁移户口。① 对此，周明宝认为，同籍化举措只是解决了农民工阶层的行政性身份认定、政策准入和认同资格获得的问题。事实上，除了制度性身份（经户籍制的认可，具有强制性）外，农民工阶层还有其他三种身份，因而更看重社会性身份（主要是与基于居住地理、区位的城里人和基于业缘关系的来自非正规性就业的工友群体的认同）、"他者话语"所定义的身份、自我感知性身份（目前表现为模糊化、不确定性和不稳定性的特征，其关键是心理认同）。② 那么，如何认同？

在"以经济发展为中心"的思路下，很多城市和当地政府仍未将迁移和外来工问题纳入其城市发展规划和实施之中。此外，由于城市居民与进城农民工在社会身份、思想观念和生活方式等方面格格不入，城市管理者对农民工主要采取约束式和防范式的管理，重管制轻服务，重整顿轻引导，农民工长期被排除在城市社区整合之外，从而使农民工对城市社区产生很深的隔阂。③ 但我们也不可否认，受中央相关政策的倾斜，相当一批城市在社会管理层面上出台了很多有利于农民工的新政策、新措施，但从实际操作层面上来看，受制于身份认同，绝大部分农民工对这些改革的政

---

① 不愿意迁移户口的不止是富裕地区的农民，还包括一些贫困地区的农民。在城里购房可以选择入户的时候，一些家庭选择妻子入城市户籍，丈夫保留农村户籍，或者孩子入城市户籍，父母将户籍留在农村。
② 周明宝：《城市化进程中青年农民工的城域融入与身份认同》，《城市学研究》，2013 年第 4 辑。
③ 厉云飞、吴胜峰：《试论城市化进程中农民工社区归属感的培育》，《宁波大学学报（教育科学版）》，2009 年第 6 期。

策和措施并不领情,甚至表现出冷漠、排斥的情绪,直接阻碍了该群体的城市融入,毋论城市归属感。的确,由于广泛地接触现代文明,城市对于新生代农民工来说具有很大的诱惑和吸引力,但之于每个个体,城市是个完全陌生的环境,出于自身保护或寻求利益最大化,"紧缩圈层结构"便成了必然的一个选项。所谓圈层社会理论,是认为农村社会由不同的圈层结构嵌套而成,各个圈层之间相互依赖并动态转化。事实上,这一理论普遍存在,并不限于农村,但城市居民由于熟悉城市的各类公共资源且相对来说社会资源更为丰富,对圈层的依赖并不严重。因此,农民工认同城市、融入城市的第一步必须是打开其接触公共资源的渠道,而打开这个渠道,则必须让他们对城市解除设防,而解除设防的最好方式是了解城市。那么,了解城市的信息从何而来?信息又如何流通?当流通中出现各种噪音时,又如何帮助他们去除噪音?

相较于在城市赚了钱后回农村"落叶归根"的父辈,新生代农民工对城市的了解不深刻也不真实,甚至是一种自己的幻想:

> 从我有记忆开始,我的父亲就在广州打工,他一年才回家一次(过年),回来的时候会给我和弟弟带一些新衣服和农村没有见过的零食。他(父亲)让我知道了外面的世界和我们乡下不同,我们乡下学校没有什么好老师了。(好老师去哪里了?)不知道,反正都跑光了。我读书也不认真,小学五六年级开始就天天想着什么时候也能出来打工(苦笑),初二还没上完我就退学了(不过到了初中毕业的时候学校也发了毕业证),后来就出来打工。我现在已经19岁了,这几年挣的钱都花完了,有时候还问老爸要点。(你觉得你在城市的目标是什么?)能有什么目标啊?混呗。(靠什么混呢?)我不知道。(胡炜访谈手记)

> 我在我们县城读了一年高中,反正考不上大学,就出来打工了。

(做什么呢?)什么都做,什么来钱做什么。(最长一份工作做了多久?)半年吧,在一家日本公司,做点心,一个月能挣五千。(后来为什么不做了呢?)公司规矩太多,消毒啊洗手啊,我有一次忘记洗手就被开除了。(你会觉得不公平么?)在这事上倒没有,但城市对我们来说很不公平。那么大个城市,哪哪都跟我没关系,没有本地人看得起我们。(你觉得他们为什么看不起你们呢?)嫌我们穷呗! 要是我有钱了,我早就去美国了!(额,去美国你能适应么?)有钱啊,有钱就能适应!(张臻访谈手记)

事实上,虽然新生代农民工在找工作、租房的时候都会要求有网络,但在实际的信息搜索、信息使用上已被拉开了一条鸿沟,虽然网络上有用的信息非常多,但他们通常很难自己去挖掘。从这个意义上来说,政府必须为此扫除障碍,确保外来者保持与城市之间的正常沟通、交流。纽约接近一半的外国出生人口英语水平有限,这可能成为与政府部门交流的障碍。纽约市长在2008年签署了一项行政命令,要求每个与纽约人直接沟通的政府机构,需要提供纽约人常说的六种语言的服务(除了英语),即西班牙语、汉语、俄语、韩语、意大利语和克里奥尔语。政府使用美国社区报告所提供的调查结果对语言类别进行确定和定期更新。尽管这是城市范围的语言种类,但值得注意的是,在每个社区内所使用的语言也是千差万别。每当社区有服务需求时,政府便使用美国社区报告来查找适合于这一社区的语言种类。公共图书馆经常用这类信息来判断需要订阅何种语言的图书,以及需要将它们摆放在哪间分馆。美国社区调查所搜集的语言数据也与选民的数据相结合,为英语水平不高的选民提供语言翻译服务,以确保城市遵守选举权法规。①

---

① International Organization for Migration:《世界移民报告2015:移民和城市——管理人口流动的新合作》,见 http://www.ccg.org.cn/dianzizazhi/yiminbaogao2015ch.pdf。

在中国的城市中，这种针对性的信息服务尚未出现，但这并不代表农民工和他们所在的城市及城市居民不需要。通常而言，农民工融入城市所遭遇的障碍包括法律和行政问题、难以获得本地关系网络、对当地环境和社会背景缺乏认识、缺乏城市劳动力市场所需的技能，以及缺乏代表导致容易遭受歧视和排外。这些障碍束缚了他们获得基本资源和机会的能力，但我们不难看出，只要给予一定的信息渠道和相应的信息获取指导，这些障碍并不难破除，或者说，可以逐渐减少。在澳大利亚，移民媒体对于促进移民和难民在新社会的安顿扮演了重要角色，尤其对于新兴起的社区意义更为重要。① 为方便起见，澳大利亚境内还存在不少社区电台，专门为移民及移民社区提供资讯、服务，并满足其文化需要。在罗伯特·E·帕克的《移民报刊及其控制》一书中，第一部分"移民报刊的土壤"更早已揭示了移民报刊的欧洲背景、移民报刊与同化、移民报刊与教育启蒙等现象。基于社区媒体的强大的社会融合功能，2015年年中，作为一项新的国家服务项目，"报道美国"计划出台，其目的是通过支持本地新闻报道来提高美国的社区和居民的生活；2015年年底，美国密苏里大学新闻学院披露了当年两笔超过100万美元的筹款，其中之一即支持社区报道的教学研究；2015年12月1日，脸书（Facebook）创始人马克·扎克伯格为了让刚刚出生的爱女麦克斯（Max）活在"比我们现在更好的世界"，承诺捐出手中99%的脸书股份。按照公开信，全部款项将用于"个性化学习，疾病治疗，连接人们和建立强大的社区"，这些对社区及社区媒体的青睐，无一不显示社区媒体之于社会建构、整合的重要性。而这些社区及社区媒体的建设、社区之于外来者的融合功能，都值得我们关注、思考并加以本土化。

---

① 李艳红：《传媒产制的"第三部门"：北美和澳大利亚社区媒体的实践、制度及民主价值》，《开放时代》，2009年第8期。

当然，农民工的城市融入，目前尚未成为社区媒体的基本理念，但从其天然属性来看，作为一种连接纽带，社区媒体以日复一日持续报道社区的点滴成就来创造居民之间感情的纽带，让社区居民知道每个人都是社区的财富，从而建立独特的"归属（感）"。在媒体技术得以突飞猛进，信息传输、接收成本急剧下滑的今天，以微信公众号为代表的社区媒体已悄然成为新生代农民工融入城市的最优信息平台——只要在智能手机上轻点"关注"，就能获得城市的各种信息并为己所用，这就为当前新生代农民工的城市融入提供了信息传播、接收渠道。当前，城镇化已成为现代化的必由之路，这既是经济发展的结果，又是经济发展的动力，各级政府也逐渐意识到"城镇化"进程中"人"的重要性，这就给了社区媒体极大的发展空间。在社区媒体所搭建的这一平台上，居民通过不断的参与来增加对社区的关心与了解，从而达到维护社区稳定的目的，并进一步推动"城镇化"发展。党的十八届五中全会和"十三五"规划纲要都对实施网络强国战略、"互联网＋"行动计划等作了部署，其目的也都是要让信息传播真正成为社会发展的生产性要素。在这一点上，社区媒体以其接近性和信息的可抵达程度成为最佳平台。

2016年4月26日，在网络安全和信息化工作座谈会上，习近平同志再作重要讲话，谈到的第一个问题就是让互联网更好地造福人民。讲话中提到，"当今世界，信息化发展很快，不进则退、慢进亦退。我们要加强信息基础设施建设，强化信息资源深度整合，打通经济社会发展的信息'大动脉'"。毫无疑问，社区媒体将在传播链的终端完成信息资源整合。当前，"社区重建"就已经成为社会学一个热点话题。社区重建的主要内容就是重建共同的价值观和道德感，这也与农民工城市融入直接相关：只有存在共同的价值基础，农民工才能与城市互相融合。而针对农民工的社区媒体将在培养外来者的城市意识、搭建意见交流平台、在意见博弈的过程中形成共同的价值观等方面起到不可替代的作用。

皮尤研究中心的报告指出了美国社区媒体的未来发展趋势。首先，社区媒体拥有极大的可能以结盟来解决规模过小、资源分散的问题。2011年，美国45家社区网站形成了一个名为"真正本体"的全国性的组织，以彰显它们的纯正的本地性特点，来应对大型媒体如美国在线（AOL）创办的"补丁"地方性新闻网站；其次，社区新闻越细分越容易成功，专注于某一话题或者区域并成为该话题和区域的专家或龙头更容易吸引受众，并产生收益；最后，利用社交媒体鼓励市民参与社区媒体的互动以及社区的发展建设，尤其是扩大社区媒体在年轻人中的影响。那么，在中国，针对新生代农民工的社区媒体又应该是什么样的？要想充分发挥社区媒体的社会融合功能，考察社区内每个个体的基本需求是必经之路。因此，在为新生代农民工城市融入所搭建的各类社区媒体中，我们还需要把握以下基本思路：

了解需求。"在城市化的进程中，新生代农民工的参与通常是基于很'自我'的动机，始于一个非常个人化的层次，其主要目标是改善生活境遇。"但我们现在对待新生代农民工的态度大多是眉毛胡子一把抓，这是不对的。从调研结果来看，虽然新生代农民工都希望拥有话语表达权来促进自身的城市融入，但由于其城市化起点不一（如有人来自小县城，其融入大城市的起点就比来自农村的人要高），对自己城市化进程的期望值各不相同，希望通过社区媒体所获得的信息也就不可能保持一致。因此，在对待新生代农民工的信息传播上，我们不能以偏概全，不能粗暴地将他们视为一个均质性群体，而应对他们物质和精神层面的需求进行调研，充分考虑该群体在特定地区、特定时间段的各种需求，并将调研、了解新生代农民工的需求视作规划社区媒体、开展社区传播的前提。

当然，了解需求还要从尊重开始。的确，因对自身的长远发展缺乏热情与考量，新生代农民工显然更注重眼前利益，甚至追求蝇头小利，但我们要理解并尊重他们的难处，更不能因此而轻视他们。作为我国产业工人的主体,新生代农民工已成为推动国家现代化建设的重要力量,并为经济社会发展做出了巨大贡献。如果城市管理者继续对他们保持居高临下的姿态,按照自己对农民工的理解继续开展工作,将不利于政府"新型城镇化"政策的实施。

做好服务。一个显而易见的事实是,受中央各项关于外来工的政策影响,部分城市公共资源分配的公平性已经开始扭转。2015年年初,国家发改委印发《国家新型城镇化综合试点方案》,划定了62个试点城市(镇),广东省的广州、东莞、惠州和深圳市光明新区被列入了试点范围。对此,广州承诺将在5年内投入1 490.7亿元解决存量农民工市民化问题,建立以居住证为载体、以积分制为办法的农民工基本公共服务供给机制。然而,调研显示,绝大多数新生代农民工不知道,也不清楚该方案将会为自己及农民工群体带来什么。在富裕的珠三角地区,地方政府为新生代农民工的城市融入做了不少工作,如免费借阅图书、低价演出票、子弟一对一帮扶、积分落户等,但这些举措并没有提升新生代农民工的城市融入,其原因在于这些惠民信息并没有被该群体接收到,这说明我们现有的信息传播并没有到位。受信息搜索、整合能力的限制,新生代农民工对各类社会服务信息缺乏基本的提炼、辨识能力,对此,我们更要从该群体的需求出发,努力做好各种城市融入信息的搜集、整合、分类,再通过社区媒体点对点地传递给他们,这样才能让新生代农民工充分感受到城市对他们的温情与善意。

我们还应该意识到,发生在新生代农民工身上的这种信息麻木、质疑并非他们的责任。在过去的相当长一段时间中,农民工们已习惯了城市加诸于他们身上的偏见与剥削,二元对立的"城市—外来者"观念业已形成,要消除他们的这种成见,则需要我们提供更多的服务,并辅之以时间和耐心。

合作同化。2006年6月,联合国秘书长安南发布了一份有关世界移民趋势的报告《国际移徙与发展》，报告指出，"越来越多的证据显示，国际移徙通常对原籍国和目的地国都有好处。国际移徙的潜在惠益大于较自由的国际贸易的潜在惠益，特别是对发展中国家而言。""移徙的成功在于移徙者和东道国社会的相互适应，这样做对双方都有利。如果无法融合，不管有多少惠益，公众对移徙的接受会减少或丧失。移徙的基础是待遇平等和禁止任何形式的歧视，以及有效防范种族主义、本族中心主义和仇外心理。如果移徙者有权获得社会服务，作为劳动者的权利受到保护，通常就比较容易融入社会。如果社会和政治环境允许移徙者按自己的速度适应，移徙者就会有最佳表现。"此结论不仅符合移徙，也适用于国内移徙。

进入城市后，新生代农民工或多或少都会遇到心理障碍。虽然这一群体比上一代更接近城市，也更努力地想把自己装扮成城里人，但他们对城市的理解仍然存在偏差，直接后果便是导致"城里人的歧视"。调研发现，一些城市居民认为代表着农民工"经典形象"的各种衣着、装饰、说话方式，恰恰是新生代农民工尤其是新进城的农民工眼中积极融入城市的表现。从这个意义上来说，社区媒体必须为新生代农民工提供清晰的城市认知，即"城市是什么""城市与乡村有什么区别"等理解城市的信息，必须提供"城市能为我们提供什么""城市会为我们带来什么样的改变"等展示城市合作的信息，还必须提供"如何才能成为都市的一部分"等促进城市同化的信息。我们曾呼吁城市居民对农民工群体一视同仁，以促进农民工和谐地融入城市社会，但城市的发展史已经说明，只有在合作、同化的信息逐渐为新生代农民工群体所接受，让他们自发、自觉地消除与城市居民之间的行为差异后，真正的融合才会出现。

为推进社区媒体的健康成长，并以此为平台来弥补农民工信息获取、意见交流空间的空白，我们应在理念、视角和姿态上有所行动。第一，提高国家和社会对农民工社区媒体的价值认同和重视。社区媒体在反映农民工的声音、建立民间沟通渠道方面都有其不可替代的作用;社区媒体贴近居民,具有极强的公共性,在其发展初期,应受到国家的持续性资金或技术支持,通过营造公共领域来服务公众。第二,通过与新闻学院的合作,加强社区媒体的管理人员和工作人员的专业培训。一直以来,我国的媒体从业者都以大局为先,作为党的喉舌秉承了自上而下的观念和姿态,但社区媒体必须从"小"着眼,这就导致了现行的业务经验较为欠缺。有学者将上海的三家社区报《新民晚报社区版》《漕河泾社区》(《城市导报》提供业务支持)、《新闻晨报花木社区报》与美国的社区报《春泉希望行动报》进行了版面内容对比。比较的结果显示,《春泉希望行动报》的几乎所有版面的内容都与本社区居民的衣、食、住、行息息相关。而在《漕河泾社区》上,仍然是社区工作性的稿件占据了版面的主要篇幅,从题材到文章风格,仍有较为浓重的"党政"色彩,只是有了专业媒体的介入,文章质量有了大幅提升;《新民晚报社区版》内容丰富题材多样,A 叠为新闻版,B 叠为健康周刊,该报从形式到内容更接近于一张都市生活类周报,只是加强了与社区生活有关的民生新闻报道;从版面设置上可以看出《新闻晨报花木社区报》已经在努力接近社区,但是,相较《春泉希望行动报》与社区的贴近仍有较大的差距。①

第三节　农民工社区媒体:内容·话语

为什么中国农民工难以融入城市

120 年前的 1895 年 5 月,年方而立的马克斯·韦伯在就任德国弗莱

---

① 王珏:《上海社区报生存态势与发展策略初探》,《新闻记者》,2011 年第 1 期。

堡大学国民经济学教授时,发表了题为《民族国家与经济政策》的就职演讲,对蔓延于德国东部跨国流动的波兰农民发出了"驱逐令",呼吁政府关闭东部边界。

又过了20多年,《身处欧美的波兰农民》出版。这是最早研究移民文化及其社会组织的著作之一,也是有关移民史方面的经典,描述了100年前美国的"进步时代"涌入的外来"农民工"问题。

作者托马斯和兹纳涅茨基尝试着让外来移民"讲述自己的故事"。他们将来自50个移民家庭的信件作为研究对象,再现了新移民与旧家庭之间复杂的关系以及这种关系的衰变过程,这同时也是他们逐渐倾向本地文化并摆脱原生文化影响的过程。书信这一载体的优越性在于,它是一个封闭的双向交流的管道,有很好的私密性,较之研究者直接访谈,这种方式能够更好地透视研究对象的心灵世界。类似的研究如果在今天展开,注意力或应放在微信和微信群。

工业化和城市化褪去了传统农民身上的文化胎记,上足了发条,计时开始了。货币化和市场化使农民改变了农业劳作不计工时的习惯,而这一点在今日中国的农村大地上仍随处可见。当你问一个农民他的成本收益时,尽管他可以把市场化的部分从机耕、种子、浇水、施肥、打药、收割到雇工成本比较清晰地描述出来,但对于自身的劳动仍是不计入成本的。换言之,尽管在国家统计局的官方口径中,农业劳动力日工资是要计入成本项的,但在农民那里,劳动本身还没有被视作是商品化市场的一部分。进入城市的农民工则很快转变了这一观念,即在100年前身处美国的波兰农民也是如此。

城市车间里的工作与农村田野上的农作大不一样,虽然同是日出而作、日入而息,意义却有不同。农作给人一种时间安排上的自由度,务农首在不违农时,可相对于精细化计量的工时来说,农业的时令毕竟是粗糙的、慢生活的。传统农业状态下,农作所具有的天然性和自给自足特征,并未给农民带来特殊的压迫感,农民也更多是安于现状,并不期待通过劳动而发达起来。换言之,他们没有进入到波兰尼意义上的"为卖而买"的轨道。初入城市的农民,却必须背负更大的生存压力、追寻更好的生活状态,认真回答"娜拉出走之后"的问题。

从波兰裔农民工的书信中,可以看到他们对工作状态和职业前景的描述,体现出农民工与本地城市工人的职业观念有两点不同:其一,农民工自身的职业兴趣与职业本身并不一定甚至多半不吻合,工作不过是谋生手段;其二,农民工往往因此蔑视自己的劳动,只当作是一种临时状态,并不视其为更长久的人生目标。工人心态使预期更加持久明确,努力获得生活的舒适惬意。农民心态更强调财富积累,压抑自身的生活需求,推迟享受。

如果按照上述尺度来衡量,当下中国的农民工对于工作的持久性缺乏信心,能够摆脱农民心态的恐怕还是少数。户籍制度的高墙和此前较长一段时期内劳动力无限供给的人口红利,维持和加强了城市、工业对农村、农民的相对优越感。这也坐实了"农民工"这一称谓的所指,即相当比例农民工确实还处于半工半农的兼业状态,每年农忙时节还要抽身回到老家帮忙出力。农村移民背井离乡进入城市,家乡的土地或流转给亲戚,或转包龙头企业,貌似退路渐断,其实灵活性却大得很,徒有其表的城市化大跃进并没有带来身份认同的变换。坐高铁从上海穿越浙江、江西、湖南一路西去,你会看到,农民把在外务工赚来的钱又投在房子的改建翻新上面。事实上农村房屋更新往往是波浪式的,与农民收入和宏观经济形势密切相关。这也从一个侧面佐证了,这些身处都市的内地农民,他们的根还在农村,随时准备在生命历程的某个阶段退出产业工人队伍,回归田园故土。

《身处欧美的波兰农民》显示,波兰裔移民之间也会互相通信,提供就业信息和指导,形成类似老乡会之类的松散互助组织,以帮助自己逐步适应美国的社会生活。这些互助协会的主旨,是为了适应城市环境,而非固守原生乡土文化。

当下中国大城市中的农民工也有类似的同乡组织,有的是以专业合作社形式出现的,表现为不同产业中往往有非常明显的地域色彩和排他性特征。青年社会学者谭同学、冯军旗注意到高校打印复印市场多半由湖南新化人垄断,相类似的现象还有上海郊区遍布的来自安徽的葡萄农、来自浙江的瓜农和来自福建的菜农。面对城市的深沟高垒、软性拒斥,外来者自有妙计,他们会基于地缘、亲缘并附加一定的只在内部传授的技术门槛,构建一个个自给自足的小圈子、同乡会,在产品价格和送货渠道上资源共享、同气连枝。也有一些游走于灰色地带的"互助性"组织,做的是"溜缝儿"的生意,在本地人和外地人之间左右逢源,替同乡出头向有钱、有权、有关系的本地老板讨债,也替后者在外来劳动力用工方面居中协调。

外来人口高度集聚形成的土客替代与冲突问题,本质上是经济发展不平衡、不对称导致的要素流动的自然结果。所以,不仅有劳务输出地与输入地的冲突,还有粮食主产区与主销区的冲突,还有水源上下游之间的冲突,沿海与内地、南方与北方的冲突。一些大城市自觉竞争力下降、劳动力成本上升,忧心于倚重外来劳动力甚至土客倒挂的既成事实。其实若换个角度想,21世纪最贵的是人才,人家不远千里前来投奔,恰是一座城市最值得骄傲的资本。

对于外来者,本地人多持异样的眼光。张学友有首歌叫《纽约的司机驾着北京的梦》,多少描绘了外来移民遭遇的这种精神窘境。在美国的"进步时代",外来移民数量巨大,甚至很多城市中移民已经占人口多数。一些本土出生的美国人感到自己的文化、宗教、种族同一性受到了威胁,遂产生了排斥态度,通过议会立法加以限制。移至今日的中国也很相似。比如,东部发达地区特别是大都市郊区奉行的多是抓大放小的驱逐式政策。一方面由于本地农民越发懒散,同时也由于有更多的务工机会,无暇从事需要倾注心力的蔬菜种植,故而只好任由外地农民来填补空白,但同时又对于将市民的食品安全交予这一干外地人心存顾虑、很不踏实。这是因为外来人口没有稳定的地权预期,因而在有限的甚至是朝不保夕的土地租期内,的确存在对土地进行"掠夺性经营"的可能。

本地人逐渐退出一些辛苦劳碌的产业部门,但对外地人的进入又持戒备心理。在城市人口规模控制的宏大叙事与政治正确之下,城市的管理者为合理合法地驱逐外来者,可谓绞尽脑汁。最近,在外来务工人员子女教育问题上的门槛抬高与政策退步,似乎成了一些特大城市制定新一轮五年规划时一个隐而不彰的指针。

一个有意思的现象是,波兰裔移民当初成立的那些基于地缘的同乡互助会,后来大多淡化其地缘色彩和乡党情感联结,强化其阶级识别和抗争动员功能,逐渐转变成自组织、能够采取集体行动的现代工会。就近些年来中国不少地方的案例来看,恰恰是相反的。所谓共同的阶级意识或阶级认同,远不如共同的地缘符号更能凝聚力量。地域矛盾在经济矛盾的引导下,经济矛盾在地域矛盾的掩盖下,常常把原本简单的劳资纠纷搅成一团混战,最终停留在就事论事、一事一议、从一哄而起到一哄而散的层面,既不可持久,也缺乏建设性。

波兰裔移民与他们家乡亲人之间的通信多是单向的,来多回少。慈母、爱妻所抒发的远方思念,换不来浪子回头的片语只言。虽然波兰的社会团结、民族意识、宗教传统都很醇厚,但已经呼吸到城市空气的农民工是断不会回头的。这是恬静的农业文明与火热的工业文明相隔一道大西洋的较量。义无反顾投身城市的浪子与叶公好龙把玩乡愁的文人,同在一片天空下,倒也相映成趣,徒留村庄的凋零与都市的浮华。

这种历史大势和文明分野的意蕴,当下中国农村不可计数的留守儿童、妇女、老人想必也深有体会。而这样的人伦悖谬出现在追求进步和幸福的现代化进程中,大约是传统中国很难理解也颇费思量的。曾国藩当年初到京城后,备尝思乡之苦,痛感"家书抵万金",乃不断要求家中亲人来信"务以烦琐为贵"。这些挥之难去的"家本位"情愫,始终剪不断,理还乱地贯穿于乡土中国到现代中国的"连续统",在困顿中给人一丝慰藉和希望。看起来,梁漱溟在《乡村建设理论》中提出的"认识老中国,建设新中国",还远未过时。(作者:曹东勃,原载腾讯·大家)

在帮助新生代农民工的城市融入中,我们必须要面对的问题首先是"在许多集体维权案例中,工人对争取眼前利益更感兴趣,但是对长远的组织建设却缺乏热情。"[1]而都市生活方式的增强过程,也正可以作为一种"城市化"的定义。在这里"城市化不再仅仅意味着是人们被吸引到一个叫城市的地方,被纳入到城市生活体系之中的过程。不管生活在何处,他们都受到城市的机构和人的力量通过通讯与交通给他们带来的影响。"[2]这就彻底打破了城乡二元分割、政府设计的思维范式。"个体的城市性归根结底是一种基于对于城市文明的习得所产生的市民化生活方式和思想观念,"[3]以人为核心的新型城镇化就是发展并扩展人的城市性要素,即理性化人格、次级社会关系、超负荷社会交往模式、亚文化环境、创新与反常规、宽容,进而使得个体"获得并不断积累城市性、最终融入城市生活方式的过程"[4]。这一点在"90后"农民工身上尤为明显,他们对个体利益的争取远远超过了自己的父辈,从这个层面来说,利益或将成为他们城市融入的突

---

[1] 汪建华、郑广怀、孟泉、沈原:《在制度化与激进化之间:中国新生代农民工的组织化趋势》,《二十一世纪》,2015年第8期。
[2] 孙逊、杨剑龙主编:《阅读城市:作为一种生活方式的都市生活》,三联书店2007年版,第5页。
[3] 孟祥远、邓智平:《个人的城市性与城市的发展》,《城市问题》,2009年第9期。
[4] 王兴周、张文宏:《城市性:农民工市民化的新方向》,《社会科学战线》,2008年第12期,第173-174页。

破口。但必须指出的是,当农民工群体的利益指向及其对城市的理解、愿望捆绑上当前城市管理者对这一群体的主流认知,这就决定了农民工组织化传播的话语基调当下只能以合作、同化为主。一旦走向对抗,基本只会引发"双败"①。因此,同样是外来者的社会融入,中西方,甚至中国不同地区的途径可能都不一样。正如纽曼·卡斯特所认为的那样,不同文化和制度下有可能产生不同网络社会结构、形态的理论假设。

以农民工自身为中心,而不是以理论概念为中心的农民工城市融入服务呼之欲出,但需要注意的是:其内容落脚点并非当前学术圈热议的农民工话语权,而是基本对话。只有在管理者、农民工和社会组织之间进行积极、有效的沟通和进行充分的对话,才能将现有的各类针对农民工的公共资源盘活②,减少目前普遍存在的因信息沟通不畅所导致的各种资源浪费。

这样的内容安排并非否定农民工应当拥有自己的话语权,而是认为,在当前城市管理者的认知框架内,开展一些促进农民工城市融合的工作,将更多的公共资源让渡给农民工群体,以帮助他们更好地了解城市、融入城市,比单纯强调话语权更重要。对城市管理者而言,需大力提升公共服务的专业性,确保信息传播的通畅和有效。一方面让农民工看到他们为这个群体融入社区和城市所提供的努力,逐渐化解二元对立的"城市—外来者"观,完成两者之间的基本对话;另一方面也减少针对农民工群体社会融入所提供的各种社会资源浪费。受技术的影响,以社区为平台、提供实用信息的微信公众号可以以最低的成本发布各种实用信息,并搜集农民工群体关于城市融入的基本需求。当然,微信公众号的运营最好由政

---

① 如 2011 年广东增城的骚乱事件中,珠三角周边的川籍帮派被广泛动员起来,进行各种打砸活动,从推翻警车到捣毁店铺。但最后,工人的利益诉求也没有获得相应的满足。
② 在当前"以经济发展为导向"的社会背景下,针对农民工城市融入的财政支出不可能有极大的突破。在这样的背景下,盘活现有资源的现实意义更大。

府购买服务的非营利性专业社会组织(如大学社会工作、新闻传播专业老师带队组成)介入。这些社会组织作为中介,一方面与农民工群体进行面对面的互动,对农民工进行一些基本的城市角色训练①;另外一方面帮助农民工群体进行简单的表达训练,即教会他们提炼自己的观点,并大胆说出来。这样才能在农民工、社会组织和城市管理者之间形成可流动的对话,完成城市融入的有效沟通。

改革开放以来,农民工流动大致经历了三个阶段:"一是20世纪80年代,以就地转移为主,乡镇企业是农民工就业的主要渠道。这一阶段,外出就业农民工数量从80年代初期的200万人左右发展到1989年的3 000万人。二是20世纪90年代,以跨地区异地流动为主,城市二三产业成为农民工就业的主要渠道。这一阶段,乡镇企业发展趋缓,各种限制劳动力转移的制度逐渐放开,外出就业农民工数量从90年代初期的6 000万人左右发展到世纪末的1亿人左右。农民工流动范围扩大,跨省流动比重大幅上升。1993年全国跨省流动的农民工约为2 200万人,跨省流动的比重达到35.5%。三是本世纪以来,农村劳动力供求关系进入重要转折期,农民工数量增长稳中趋缓。2002—2008年,全国外出就业农民工数量年均增长595万人,年均增长幅度5%左右,低于20世纪90年代的平均增速15%,进入稳定增长阶段。虽然总体上农村劳动力仍然过剩,但结构性供求矛盾开始突出,农村劳动力供求关系正从长期'供过于求'转向'总量过剩、结构短缺'。农村青壮年劳动力大量转移到非农产业,供求明显偏紧,有一技之长的农民工供给严重不足,农民工供求的区域矛盾突出,'招工难'开始由沿海向内地扩散,有蔓延和加剧之势。"②在

---

① 如遵守城市交通规则,怎样才不会穿得"自己觉得很时尚但他们一看就知道我是打工的",公园游玩基本守则等。研究者在工棚里进行的小讲座中,这些实用信息非常受欢迎。
② 韩俊、何宇鹏、金三林:《农民工市民化:我国现代化进程中的重大战略问题》,见 http://www.cqn.com.cn/news/xfpd/szcj/cj/403587.html,2014-06-09。

这份报告中,农民工城市融入的难处呼之欲出。而要想改变农民工的结构性供求矛盾,则必须有针对性地加强农民工的信息传播技术网络,才能从根本上改变农民工之于城市的不对等地位,铺就其城市融入之路。

2016年4月6日,中国社会科学院农村发展研究所、社会科学文献出版社及河南财经政法大学共同在京举办"中西部工业化、城镇化和农业现代化:处境与对策"研讨会,其中一项调研结果显示,一半左右农民工不愿进城。① 在这项"中西部农民向城镇转移意愿分布"所做的调查数据显示,"很想"占11.83%,"比较想"占21.73%,"一般"占17.45%,"不太想"占24.82%,"完全不想"占24.13%。而涉及为何农民工不愿外出打工,前5位因素分别是:年纪大了(20.63%)、父母子女无人照顾(18.12%)、缺少技能(15.94%)、农活离不开(10.03%)、对城市不熟悉(8.93%)。报告认为,农民工返乡的逆城镇化行为也是阻碍城镇化进程的一个重要因素。而国家"十三五"规划提出,2020年城镇化率是60%,比2015年的56.1%要提高约4个百分点,但由于农民工外出意愿低,近些年农民外出务工人数的确在下降。2015年,全国农民工总量27 747万人,比上年增长1.3%。其中外出农民工16 884万人,增长0.4%,大幅低于过去5%左右的水平。这就说明,中国城镇化率的提高很有可能会受到农民工拒绝进入城市的影响。

但在这组数据中,我们也不难看到,这些影响农民工进城的各种因素也互相关联。假设农民工能够熟悉(很好地融入)城市,那他(她)就可以知道自己拥有什么样的技能才能在城市生存,在提供技能并获得城市的生存可能并取得个人成就之后,把父母和子女接到自己身边也就顺理成章,年纪大了也就不再成为拒绝城市的理由。从这个意义上来说,如社区

---

① 这个数据是针对农民工全体而言,与前文所说的新生代农民工有70%愿意市民化并不矛盾。

媒体能有效帮助农民工进行城市融入,中国城镇化率的提高将不再是一个难题。

  从"无视"到"有条件接纳",虽步伐缓慢,但始终在前进。珠三角地区的田野调查显示,公共资源的分配不均依然是影响农民工角色转型和城市融合的重要体制性因素,但城市管理者已与农民工一起,在推进农民工城市融入上寻找各种机会,并投入巨大。总体而言,这个趋势不可逆转,并获得了越来越多的关注与公共资源的配置,但目前面向农民工城市融入的资源配置依然存在以下问题:一是资源短缺,二是资源浪费,且两者并行不悖。针对这种情况,我们认为,现阶段的农民工城市融入研究必须从组织化、媒介化出发,充分利用科技平台,即社区媒体的力量,在"合作、同化"的话语框架下完成城市管理者、社会组织与农民工群体之间的对话,一方面逐渐提高农民工所能获得的公共资源,另一方面将已有的公共资源盘活,使传播真正成为社会发展的生产性要素。

图书在版编目(CIP)数据

面向农民工的社区传播探析/陈娟著.
—北京:中国传媒大学出版社,2016.8
ISBN 978-7-5657-1811-3

Ⅰ.①面…
Ⅱ.①陈…
Ⅲ.①民工—研究—中国
Ⅳ.①D669.2

中国版本图书馆 CIP 数据核字(2016)第 213617 号

面向农民工的社区传播探析
MIANXIANG NONGMINGONG DE SHEQU CHUANBO TANXI

著　　　者	陈　娟
策 划 编 辑	姜颖昳　司马兰
责 任 编 辑	姜颖昳　司马兰
特 约 编 辑	魏　征
封 面 设 计	拓美设计
责 任 印 制	曹　辉
出版发行	**中国传媒大学出版社**
社　　　址	北京市朝阳区定福庄东街 1 号　　邮编:100024
电　　　话	86-10-65450532 或 65450528　　传真:010-65779405
网　　　址	http://www.cucp.com.cn
经　　　销	全国新华书店
印　　　刷	北京艺堂印刷有限公司
开　　　本	787 mm×1092 mm　　1/16
成品尺寸	185 mm×260 mm
印　　　张	12
字　　　数	157 千字
版　　　次	2016 年 8 月第 1 版　2016 年 8 月第 1 次印刷
书　　　号	ISBN 978-7-5657-1811-3/D·1811
定　　　价	49.00 元

版权所有　　翻印必究　　印装错误　　负责调换